铁路科技图书出版基金资助出版

穿跨工程与高速铁路运营

朱国志　编著

中国铁道出版社

2018年·北京

内 容 简 介

本书结合高速铁路运营实际需要和发展需要，针对穿跨工程的方案、设计、施工等，系统地进行了穿跨工程方案、设计、施工等对高速铁路运营影响的研究，对管、线、路、桥、隧、涵等穿跨工程的基本规定、具体规定、规定理解、工作要点、具体做法等进行了分类细致分析、总结，尤其对安全风险性很高的油气管道、盾构隧道穿跨工程方案、设计、施工等进行了深入系统分析、总结，提出了明确的方法、途径，给出了清晰的结论、措施，以通过总结规律达到掌握规律、运用规律，使穿跨工程方案、设计、施工、使用更好地适用和满足高速铁路安全、优质、高效等运营需要和发展需要。本书可供建设单位有关人员、设计单位设计等人员、施工等单位工程技术人员、铁路局有关人员、高速铁路公司有关人员以及有关院校师生等学习、参考、使用。

图书在版编目（CIP）数据

穿跨工程与高速铁路运营/朱国志编著．—北京：
中国铁道出版社，2018.1
ISBN 978-7-113-24204-6

Ⅰ.①穿… Ⅱ.①朱… Ⅲ.①高速铁路-铁路运输
管理 Ⅳ.①U238

中国版本图书馆 CIP 数据核字（2018）第 010292 号

书　　名：穿跨工程与高速铁路运营
作　　者：朱国志

策　　划：曹艳芳
责任编辑：曹艳芳　　　**编辑部电话**：010-51873162
封面设计：郑春鹏
责任校对：焦桂荣
责任印制：高春晓

出版发行：中国铁道出版社（100054，北京市西城区右安门西街 8 号）
网　　址：http://www.tdpress.com
印　　刷：北京顶佳世纪印刷有限公司
版　　次：2018 年 1 月第 1 版　2018 年 1 月第 1 次印刷
开　　本：787 mm×1 092 mm　1/16　印张：11.5　字数：141 千
书　　号：ISBN 978-7-113-24204-6
定　　价：49.00 元

| 作者简介 |

朱国志 男，1967 年生，黑龙江林甸县人

1989 年毕业于长沙铁道学院，2007 年清华大学工商管理硕士学位，教授级高级工程师，享受国务院政府特殊津贴，铁路专业技术带头人，现任中国铁路武汉局集团有限公司总工程师。

曾获詹天佑铁道科技奖贡献奖，茅以升铁道工程师奖，火车头奖章。组织或参与的“武广高速铁路联调联试及综合试验”于 2011 年获中国铁道学会铁道科技奖特等奖，“CTCS-3 级列控系统综合试验及关键技术研究”于 2012 年获中国铁道学会铁道科技奖一等奖，“武广高铁关键技术研究”于 2011 年获中国铁道学会铁道科技奖一等奖。

先后亲自领导完成了合武客专、武广高铁、汉宜铁路、郑武高铁和 4 条城际铁路、武九客专等 9 条高铁和武汉枢纽高铁 C2 联通等联调联试、380A 型动车组综合试验等工作；有关高铁等 100 余项设计审查、优化细化等工作和 800 多个穿跨高铁等工程方案和设计的审查工作；独著有《高速铁路联调联试及运行试验》《高速铁路运营设计优化》等书籍和有关论文，为中国铁路总公司有关重点课题的课题负责人。

前　言

随着地方经济社会的不断发展，管（输水管道、输油管道、天然气管道等）、线（输电线路等）、路（公〔道〕路、铁路、城轨线路等）、桥（各种用途桥梁）、隧（公路隧道、铁路隧道、油气隧道、地铁隧道、电力隧道等）、涵（各种用途涵）等穿越、跨越（以下统一简称为穿跨）高速铁路工程数量日益增多，是高速铁路建设时期和运营时期必须面对的现实情况，这些穿跨高速铁路的管、线、路、桥、隧、涵等工程会在高速铁路动车组列车等运行空间上下、周围形成一个立体网，毋庸质疑，管、线、路、桥、隧、涵等工程穿跨高速铁路会恶化高速铁路运营条件，其建设和使用直接影响高速铁路安全运营和正常运营。因此，为确保新建或改建管、线、路、桥、隧、涵等穿跨高速铁路的工程建设时及使用时高速铁路安全运营和正常运营，必须认真做好穿跨工程的管理，科学合理做好管、线、路、桥、隧、涵等穿跨工程和邻近工程等有关方案、设计、施工、使用等工作，使穿跨工程和邻近工程等满足高速铁路安全运营和正常运营要求。有关铁路局作为高速铁路运营管理单位，应根据国家和中国铁路总公司有关要求等，认真做好管、线、路、桥、隧、涵等穿跨工程和邻近工程等方案、设计审查的受理、管理等工作。

穿跨工程建设单位、设计单位和铁路局作为高速铁路运营管理单位，需结合实际、实事求是地从安全、运营、发展等方面，通过不断科学、细致、切实做好穿跨工程方案、设计、施工、使用等对高速铁路运营影响工作，以使穿跨工程建成使用后更好地满足高速铁路现在运营需要和将来发展需要，实现穿跨工程高水平的设计、施工和使用不断适用高速铁路高水平的运营、发展。

穿跨工程设计工作者应具有做好设计和发展设计的理念，设计规范等有关规定是设计工作者必须遵守的基本要求，是设计的最低标准，但绝不是完美标准。穿跨高速铁路工程设计等有关人员需以每一项工程都要努力实现规划永久、设计科学、安全可靠、经济可行、质量优良、运营适用、满足发展为原则，积极做好穿跨高速铁路工程设计等工作，并及时做好设计优化细化工作，从总体方案、功能需要、景观要求、相互匹配、科学合理、运营适用、发展需要等方面对有关工程的设计进行细致优化研究，并努力做好落实工作。在实现资源节约、环境友好的前提下，统筹各个方面，重视功能需要、重视安全耐久、重视科学集约、重视合理易行、重视将来发展、重视每个细节，努力做到方案最优化、设计最优化、工程最优化、运营最优化、发展最优化，努力做到使每一个穿跨高速铁路工程建设成为经得起运营、社会、历史检验的精品工程。

随着国内穿跨高速铁路工程数年数项的设计、施工、使用和发展，已经积累并不断积累很多很好的设计、施工、使用和发展经验，如何在现有基础之上做得更好，确实需要因需制宜、科学合理地做好穿跨高速铁路工程方案、设计、施工和使用等重要基础工作，不断与高速铁路运营适用、发展需要相结合，实事求是地不断进行优化提高，研究穿跨高速铁路工程的科学新方式、科学新方法，本书将以实践之总结、感悟之积累来作以有关探索，以通过总结规律达到掌握规律、运用规律，以期对穿跨高速铁路工程方案、设计、施工、使用和发展起到有益作用。由于水平有限以及时间仓促，难免会有错漏、偏颇之处，敬请有关同仁和广大读者不吝赐教。

朱国志

2017年9月6日

目　录

第1章　穿跨高速铁路工程基本要求

1.1　穿跨高速铁路工程设计基本原则

铁路有关部门、单位须认真严格审查管、线、路、桥、隧、涵等穿跨高速铁路工程方案和设计，以不穿跨、少穿跨高速铁路与支持地方经济社会发展相结合为原则，做到能不穿跨的坚决不穿跨，确需穿跨的则要满足高速铁路长远发展需要、确保高速铁路运营安全、满足高速铁路运输条件等要求。对穿跨高速铁路工程方案和设计的审查工作，需从原则、方法、措施、协议等方面进行认真严格把关；同时，需认真做好极端天气下、非常情况下的安全设计把关工作，有关上跨、下穿管、线等必须达到防雪、防冰、防冻、防雹、防水、防腐、防爆、防火、防热、防震、防风等安全防范设计加强原则的要求，做到严格把关，不留后患。并对切实可行的方案做好办理工作，对需要优化的方案做好指导工作，对不能同意的方案做好解释工作。

1.1.1　安全性原则

管、线、路、桥、隧、涵等穿跨高速铁路工程必须首先遵循安全性原则，有关方案、设计等需进行比选、优化，须以最优方案、设计等来确保高速铁路动车组列车运行等绝对安全。对情况复杂的管、线、路、桥、隧、涵等穿跨高速铁路工程方案、设计，应由具有资质的第三方单位进行安全评估，并出具安全评估意见；铁路局各有关专业部门应对第三方单位出具的安全评估意见进行研究、确认，在铁路局各有关专业部门对第三方单位出具的安全评估意见进行研究、确认安全可靠后，方可进行管、线、路、桥、隧、涵等穿跨高速铁路工程方案、设计的审查和实施工作，并做好施工过程中、施工结束后的安全监控。

1.1.2 经济性原则

管、线、路、桥、隧、涵等穿跨高速铁路工程必须坚持遵循经济性原则，在以最优方案、设计等来确保高速铁路动车组列车运行等绝对安全的情况下，在对有关方案、设计等经过比选、优化后，需做到经济可行。如：桥梁工程跨越高速铁路，在何种情况下采用转体施工方法、在何种情况下采用其他施工方法；在何种情况下采用钢筋混凝土桥梁（一次费用较多，但后期维护工作量、维护费用相对较少）、在何种情况下采用钢质桥梁（一次费用较少，但后期维护工作量、维护费用相对较多）等，就应从经济性等方面进行统筹考量、研究确定。

1.1.3 科学性原则

管、线、路、桥、隧、涵等穿跨高速铁路工程必须坚持遵循科学性原则，有关方案、设计等需做到科学集约、严谨细致、确有道理、满足需要、兼顾发展。

1.1.4 合理性原则

管、线、路、桥、隧、涵等穿跨高速铁路工程必须坚持遵循合理性原则，有关方案、设计等需做到技术、施工等合理，切实可行、易行。

1.1.5 系统性原则

管、线、路、桥、隧、涵等穿跨高速铁路工程必须坚持遵循系统性原则，穿跨高速铁路工程建设单位等有关单位对工程方案一定要提前做好工作对接，尤其是工程方案多处穿跨高速铁路时更应提前做好工作对接，以避免前面处所可穿跨高速铁路而后面处所因各种原因不可穿跨高速铁路等情况发生。穿跨高速铁路工程建设单位等有关单位应在有关工程方案阶段系统地对方案多处穿跨高速铁路处所进行逐处研究,使每一处所均可穿跨高速铁路并系统最优,之后再逐一处所细致做好方案研定、设计和审查、实施等工作。

1.1.6　统筹性原则

管、线、路、桥、隧、涵等穿跨高速铁路工程必须坚持遵循统筹性原则,有关方案、设计等应从安全、功能、运营、发展等多角度出发进行统筹考虑,做到符合规范规定、确保各项安全、实现科学系统、达到经济合理、满足功能需要、工程耐久美观、有效防护铁路、适用运营要求、有利将来发展。

1.2　穿跨高速铁路工程的有关规定

1.2.1　《高速铁路设计规范》(TB 10621—2014)中的有关规定

1. 高速铁路与客货共线铁路或货运铁路、公(道)路以桥梁方式交叉跨越时,宜采用高速铁路上跨的方式。困难条件下经技术经济比选采用高速铁路下穿方式时,应按有关规定采取可靠的安全防护措施。

2. 跨越高速铁路的立交桥下净高,应符合下列规定:

(1)直线地段正线不应小于7.25 m,折返线及动车段(所、场)内的线路不应小于6.20 m。

(2)曲线地段设置外轨超高时,应根据计算另行加高。

(3)利用既有立交桥时,经技术经济比选后确定。

3. 高速铁路交叉、跨越时应符合下列规定:

(1)高速铁路与其他铁路、公(道)路交叉宜采用高速铁路上跨的方式,困难条件下经技术经济比选采用高速铁路下穿时,应采取安全可靠的防护措施。

(2)高速铁路与输油、输水、输气管道等设施交叉时,应采用高速铁路上跨的方式(隧道地段除外)。

4. 高速铁路桥墩墩柱可能受到汽车(船舶)撞击时,宜设置防护工程。如设置公(道)路的高速铁路桥墩防护栏,通过设置防护能力更强的防护栏,阻止公(道)路车辆越出公(道)路等危及高速铁路运营安全或影响高速铁路正常运营。

5. 新建公(道)路上跨高速铁路立交桥桥梁结构设计除应满足公(道)路相关设计标准的规定外,尚应符合下列规定:

(1)跨线桥跨及其相邻两边跨的安全等级采用一级,结构重要性系数为1.1。

(2)跨线桥跨及其相邻两边跨的汽车设计荷载采用相应标准设计荷载的1.3倍。

(3)抗震设防类别应按不低于公路(城市)桥梁抗震设计标准中规定的B(乙)类采用,并满足《铁路工程抗震设计规范》(GB 50111)的相关要求。

(4)梁部结构宜采用整体箱梁。采用其他结构形式时,应采取措施加强结构的整体性。

6. 新建公(道)路上跨高速铁路立交桥桥梁安全防护设计应符合下列规定:

(1)安全防护范围内桥梁护栏应采用两道防护,并按不低于《公路交通安全设施设计规范》(JTG D81)规定的最高防撞等级进行特殊设计。

(2)桥上应设置安全警示标志和接地系统。

(3)桥上应设置防落物网。

(4)桥面应采用集中排水方式,引出高速铁路范围以外。

(5)跨线范围内桥面灯杆不宜设在桥面外侧,并采取防止灯杆倾覆坠落桥下的措施。

7. 高速铁路隧道洞口上方有公路跨越时,应在靠近高速铁路的公路路侧设置防撞护栏,护栏等级应符合有关规定。

8. 灾害监测方面,设计速度 200 km/h 及以上区段应设置风、雨、雪、地震及上跨铁路的道路桥梁异物侵限监测系统。

9. 灾害监测方面,设计速度大于 160 km/h 区段上跨铁路的道路桥梁处应设置异物侵限现场采集设备。

10. 灾害监测方面,桥梁设计应为上跨铁路的道路桥梁预留异物侵限监测装置的安装条件及检修通道。

1.2.2 《铁路工程设计防火规范》(TB 10063—2016)中的有关规定

1. 公(道)路不应在区域性及以上编组站的到达场、调车场、出发场有效长范围内和仓库建筑总面积 3 000 m^2 及以上的货场、集装箱货位面积 10 000 m^2 及以上的货场上方跨越。严禁在危险品货场、洗罐所、口岸站油罐车换轮线(库)、危险品工业站、港湾站上方跨越。

说明:以上作业繁忙、货物流量大场所和易燃易爆场所,为防止外来因素诱发火灾,故作此规定。

2. 上跨铁路的人行天桥应设置防护网,并应符合下列规定:

(1)防护网应延伸至距最外铁路线路外侧轨道 6. 0 m 以外。

(2)与铁路贴邻的人行天桥应在天桥的铁路侧设置防护网。

(3)铁路站场范围内的天桥,防护网应延引至桥下。

(4)防护网高度不应小于 2. 2 m,网眼不应大于 0. 25 cm^2。

说明:本条人行天桥主要指站场范围内人行天桥,不包括站台范围内供旅客进出站的天桥。

1.2.3 《铁路自然灾害及异物侵限监测系统工程设计暂行规定》(铁总建设〔2013〕86 号)中的有关规定

为实现对上跨铁路的道路桥梁异物侵限的有效、准确、实时监测,为

调度指挥及维护管理提供报警信息,异物侵限现场采集设备包括异物侵限现场监测装置、现场控制器等设备,其设置应符合下列规定:

1. 设计速度大于 160 km/h 区段内上跨铁路的道路桥梁处应设置异物侵限现场采集设备。

2. 现场控制器应邻近异物侵限现场监测装置,设置于铁路用地界内,且不得侵入铁路建筑限界。

3. 异物侵限现场监测装置宜采用双电网传感器,设置于上跨铁路的道路桥梁两侧。

4. 双电网传感器的设置范围应结合工程特点及现场的实际情况,根据上跨铁路的道路桥梁防撞护栏的防撞性能、铁路轨面至上跨铁路的道路桥梁桥面的高度、铁路线路与上跨铁路的道路桥梁的交叉角度、上跨铁路的道路桥梁上机动车的走向等因素计算确定。

5. 双电网传感器应采用结合上跨铁路的道路桥梁的安装方式,不具备条件时可采用独立结构安装方式。双电网传感器的安装方式应具备维修条件。

6. 现场采集设备至监控单元之间可采用信号电缆或光缆进行信号传输,监控单元至信号系统之间宜采用信号电缆进行信号传输。

7. 现场采集设备应由监控单元处设置的电源集中供电。根据现场采集设备供电的具体需求,可采用信号电缆、独立敷设电力电缆等供电方式。

1.2.4 《中国铁路总公司运输局关于穿(跨)越高速铁路营业线和邻近工程等方案审查有关问题的通知》(运工桥隧函〔2013〕316 号)中的有关规定

对管、线、路、桥、隧、涵等有关工程需穿跨高速铁路的,如在高速铁路设计阶段、建设阶段,应与高速铁路同步设计、同步建设。对管、线、路、桥、隧、涵等需穿跨既有高速铁路营业线和邻近工程等,需要认真做好穿跨高速铁路工程方案、设计审查等工作。

为规范、指导各铁路局做好穿跨高速铁路营业线和邻近工程等方案审查工作，对公路、城市道路、人行过道和输油、输气、输水管道设施与已运营高速铁路（含客运专线铁路和城际铁路）、新建设计时速200 km铁路及其相关联络线和动车走行线的交叉方案和邻近工程的方案审查有关问题做出如下规定。

1. 方案审查

（1）下穿已运营高速铁路（含客运专线铁路和城际铁路）及其相关联络线和动车走行线的交叉设计方案，由有关铁路局审查。

（2）上跨已运营高速铁路（含客运专线铁路和城际铁路）及其相关联络线和动车走行线的交叉设计方案，由有关铁路局审查；当受场地条件限制无法采用转体施工方案的，在有关铁路局审查并提出意见后，报中国铁路总公司运输局审查。

说明：上跨已运营高速铁路（含客运专线铁路和城际铁路）及其相关联络线和动车走行线的交叉设计方案，应采用转体施工方案，由有关铁路局审查；当受场地条件限制采用非转体施工方案时，在有关铁路局审查并提出意见后，报中国铁路总公司运输局审查。

（3）邻近已运营高速铁路（含客运专线铁路和城际铁路）及其相关联络线和动车走行线的邻近工程设计方案，由有关铁路局审查。

（4）下穿或上跨已运营新建设计时速200 km铁路及其相关联络线和动车走行线的交叉设计方案和邻近工程设计方案，由有关铁路局审查。

2. 相关要求

（1）公路、城市道路、人行过道

1）公路、城市道路、人行过道与已运营高速铁路（含客运专线铁路和城际铁路）、新建设计时速200 km铁路及其相关联络线和动车走行线的交叉工程应优先采用下穿铁路的方案；无砟轨道区段路基和有可能破坏地基加固效果的有砟轨道区段路基及各种过渡段,禁止框构顶进下穿;当确须采用上跨铁路的方案时,应采用上跨结构转体施工方案。公路、城市道路在铁路隧道浅埋地段上方通过时,原则上应采用桥梁跨越方案。

说明:公路、城市道路、人行过道与已运营高速铁路(含客运专线铁路和城际铁路)、新建设计时速 200 km 铁路及其相关联络线和动车走行线的交叉工程应优先采用在高速铁路桥梁处下穿铁路的方案;无砟轨道区段路基和有可能破坏地基加固效果的有砟轨道区段路基及各种过渡段,禁止框构顶进下穿,但可采取盾构隧道等其他合适方式下穿;当确须采用上跨铁路的方案时,应采用上跨结构转体施工方案。

2)对下穿铁路的公路、城市道路、人行过道应采取可靠的防水、排水和铁路防撞、沉降控制等措施,满足防洪要求,加强对公路、城市道路两侧既有空心墩台的安全防护,必要时对空心墩台采取抗撞加固措施;下穿铁路的公路、城市道路、人行过道的路基填筑不得采用重型机械振动碾压。

3)对确须上跨铁路的公路、城市道路、人行过道等桥梁,要采取安全可靠的施工安全保障措施和铁路沉降控制措施,设置钢筋混凝土墙式护栏、防护网(屏、棚)、异物侵限监测系统和视频监视系统等可靠的防护设施。

4)对下穿、上跨铁路的公路和城市道路,必要时设置警告、限速标志、振动减速标线等。

(2)输油、输气、输水管道等设施

1)输油、输气、输水管道等设施与已运营高速铁路(含客运专线铁路和城际铁路)、新建时速 200 km 铁路及其相关联络线和动车走行线的交叉应采用下穿铁路的方案。

2)顶进箱涵和顶进套管施工的输油、输气、输水管道等应采用钢筋混凝土防护涵(管),并对铁路采取可靠的沉降控制措施;输气管道应适当提高管壁厚度和管道防腐、接地、通气等方面的设防等级。

(3)邻近铁路营业线工程的深基坑要采取安全可靠的支挡、防护、止水、沉降控制等措施,监测铁路路基水平位移和沉降、基坑外地下水位变化。

(4)相关各方要根据交叉工程和邻近铁路营业线工程的施工风险特点,做好专项应急预案。

(5)对建设单位提报的交叉设计方案、邻近工程设计方案、咨询报告、风险评估报告、专家审查意见要认真审核,在设计方案安全、合理、可行,保障措施周密、可靠,施工和运营阶段安全风险可控的条件下,方可同意。

3. 其他要求

各铁路局须按照以上规定和《关于公铁立交和公铁并行路段护栏建设与维护管理相关问题的通知》(铁运〔2012〕139 号)、《铁路营业线施工安全管理办法》(铁运〔2012〕280 号)等有关规定要求,认真做好方案和安全防护措施的审查工作。

1.2.5　关于公(道)路下穿高速铁路工程限高、限宽等有关规定

1.《铁路安全管理条例》(中华人民共和国国务院令 第639号)中规定,下穿铁路桥梁、涵洞的道路应当按照国家标准设置车辆通过限高、限宽标志和限高防护架。城市道路的限高、限宽标志由当地人民政府指定的部门设置并维护,公路的限高、限宽标志由公路管理部门设置并维护。限高防护架在铁路桥梁、涵洞、道路建设时设置,由铁路运输企业负责维护。

2.《铁路技术管理规程(高速铁路部分)》(TG/01—2014)中规定,下穿铁路桥梁、涵洞的道路应按照国家标准设置车辆通过限高、限宽标志和限高防护架。

3.《铁路桥涵设计规范》(TB 10002—2017)中规定,铁路与道路交叉

跨越的立交桥涵,其净空应符合相关技术标准的规定。当通过机动车辆且桥下净空不足5.00 m时,应设置限高防护架。

1.3 穿跨高速铁路工程的工作要点

1. 有关工程应尽量不穿跨、少穿跨高速铁路,以从源头上减少高速铁路运营安全隐患和对高速铁路运输的影响。

2. 穿跨高速铁路工程设计、施工和使用须确保高速铁路结构安全、运营安全和正常运营。对必须穿跨高速铁路的工程方案、设计等审查,必须做到符合规定、确保安全、科学合理、满足需要、有利发展,不给安全和发展留下后患。

3. 应做好穿跨高速铁路桥梁区段、路基和隧道等非桥梁区段有关工程的方案、设计、施工和施工监测、使用监测工作;穿跨高速铁路工程的方案、设计可行则行,不可行则不行,需优化、调整的则优化、调整。

4. 有关工程需穿跨高速铁路时,在工程前期规划和选线阶段,应充分掌握穿跨高速铁路处的地质、水文和高速铁路桥梁、路基、隧道及其他铁路设备状况等相关资料,充分考虑穿跨工程对高速铁路安全、运营等影响,并及时征求铁路有关部门、单位意见,认真、正确分析穿跨高速铁路工程的可行性,确定科学合理的方案,使穿跨高速铁路工程在前期规划等阶段就能选定后期切实可行的最优方案。

5. 为研究和比选穿跨高速铁路工程设计方案,设计单位需取得穿跨高速铁路处的设计资料和设计依据,在穿跨高速铁路工程设计前,设计单位应全面收集穿跨高速铁路处的高速铁路竣工资料(收集高速铁路桥梁的竣工资料时,主要包括高速铁路桥梁的基础、墩、台、梁体及桥下净空、桥下工程地质、水文地质等资料),详细调查既有高速铁路设备情况,准确收集穿跨高速铁路工程影响范围内高速铁路的接触网、线路、线下结构、轨道结构和行车速度等资料，认真做好工程地质勘察工作，取得详细全面的工程地质、水文地质和环境条件等资料。

6. 穿跨高速铁路工程应根据穿跨高速铁路处实际情况，考虑穿跨高速铁路处既有铁路设备情况、自然因素和地质条件，结合平、纵、横断面设计，进行多方案的安全、技术、经济、美观等比选，确定科学合理的穿跨工程结构形式和安全结构措施。穿跨工程结构形式可有多种选择，当道路下穿高速铁路桥梁区段时，可采用桥梁、桩板、U形槽和箱形结构、路基等结构形式，不同的下穿工程结构形式对高速铁路的影响大小不同，一般而言，采用桥梁结构形式下穿较桩板结构形式下穿、采用桩板结构形式下穿较U形槽和箱形结构形式下穿、采用U形槽和箱形结构形式下穿较路基结构形式下穿对高速铁路的影响要小，因此，只有在地质条件良好、浅挖或少填，并与高速铁路桥梁桩基具有足够距离的情况下才考虑采用路基结构形式下穿。

7. 对经审批同意的管、线、路、桥、隧、涵等穿跨高速铁路工程，应做好设计阶段的高速铁路桥梁、隧道、路基、边坡、线路、通信、信号、电力、接触网等防护措施设计，保证排水通畅，并应根据需要做好有关检算工作。

8. 为确保穿跨高速铁路工程在设计、施工和使用过程中，满足高速铁路安全运营要求和设备正常使用要求，建设单位应根据实际需要委托具有相应资质的第三方单位对穿跨高速铁路工程方案、设计进行安全评估。

9. 穿跨高速铁路工程的同一种穿跨结构形式或设计方案有多种施工方法和施工工艺可比选时，应选择技术可靠、工艺成熟、对地基土扰动小、对高速铁路安全和运营影响小的施工方法和施工工艺，以确保高速铁路运营安全、减少对高速铁路运营的影响。

10. 对满足上跨条件上跨高速铁路的电力线路，需设置防护架的，在施工方案审核时应明确要求设置防护架，且防护架的封网必须在高速铁路天窗点内进行，建设单位应确保防护架封网时和封网后无落物等坠落到、侵入到高速铁路防护范围内。

11. 对经审批同意的上跨高速铁路的管线、桥梁，预制架设的必须在高速铁路天窗点内进行；现浇施工的必须设置防护棚，并采取严密有效监控等可靠措施，坚决防止设置防护棚和施工过程中的落物等坠落、侵入危及高速铁路运营安全。

12. 为确保下穿高速铁路工程下穿高速铁路时高速铁路运营安全，施工过程中应根据下穿高速铁路工程的特点布置测点，对高速铁路线下工程结构、轨道等进行施工全过程实时监测，建设单位、施工单位须及时根据监测结果，及时正确指导施工，以确保高速铁路设备状态良好。

13. 为杜绝穿跨高速铁路工程施工发生影响高速铁路运营安全的问题，建设单位应全面有效做好施工过程中安全督导，穿跨高速铁路工程施工单位编制施工组织设计时，应针对穿跨高速铁路工程的特点，分析施工过程中存在的危险源和可能发生的问题，编制应急预案，提出相应的应对措施。施工时，须根据应急预案等全面做好应急人员、设备、材料等各项准备，做到一旦发生问题能及时应对，消除安全隐患。

14. 为确保高速铁路运营安全，穿跨高速铁路工程的设计、施工、监测方案以及安全评估、应急预案，建设单位均应及时报铁路有关管理部门、专业部门审查，批准后方可实施。

15. 轨道静态几何尺寸容许偏差管理值是确保高速铁路动车组列车等安全、舒适运行的基本条件，受穿跨高速铁路工程影响的高速铁路桥梁结构变形和轨面平顺性应满足《高速铁路无砟轨道线路维修规则（试行）》（铁运〔2012〕83 号）和《高速铁路有砟轨道线路维修规则（试行）》（铁运〔2013〕29 号）等有关线路设备维修标准的规定。一般情况下，运营中的高速铁路线路或多或少会有轨道几何尺寸偏差，而新建穿跨高速铁路工程也或多或少会进一步影响到高速铁路轨道平顺性等，新建穿跨高速铁路工程容许的轨道几何尺寸偏差应为轨道静态几何尺寸容许偏差管理值减去已有的轨道几何尺寸偏差，并应留有一定的安全冗余。可通过计算预估桥梁桥墩墩顶的位移大小来预测对高速铁路轨道平顺性及轨道结构内力的影响，并做好严格控制。有关单位通过对板式无砟轨道简支梁桥梁采用空间有限元模型进行研究，研究发现板式无砟轨道简支梁桥梁桥墩墩顶发生垂向、横桥向、顺桥向位移时对轨道平顺性及轨道结构内力影响如下：

（1）桥梁桥墩墩顶位移对轨道平顺性的影响

1）桥梁桥墩墩顶垂向位移主要影响高低不平顺。

2）桥梁桥墩墩顶横桥向位移主要影响轨向不平顺。

3）桥梁桥墩墩顶顺桥向位移对轨道不平顺（高低不平顺、轨向不平顺）影响均较小。

根据上述桥梁桥墩墩顶位移与轨道平顺性的关系的有关研究结果，即使轨道按高低不平顺、轨向不平顺 1 mm 进行控制，桥梁桥墩墩顶各个方向的位移按 6 mm 进行控制，也是可以接受的。

（2）桥梁桥墩墩顶位移对轨道结构内力的影响

轨道结构形式不同，桥梁桥墩墩顶位移对轨道结构内力的影响差别较大。

1）当 CRTSⅡ型板式无砟轨道简支梁桥梁桥墩墩顶发生垂向位移时，会使底座板与箱梁顶面产生一定分离区，底座板与箱梁顶面分离会对在行车条件下轨道板的受力产生不利影响，随着脱空长度范围的增大会增加轨道动态不平顺性且降低底座板使用寿命。另外，根据《高速铁路设计规范》（TB 10621—2014）规定，对跨度 96 m 及以下的静定结构无砟轨道桥梁相邻墩台沉降差限值为 5 mm。

2）当 CRTSⅡ型板式无砟轨道简支梁桥梁桥墩墩顶发生横桥向位移时，底座板会发生横桥向挠曲变形，按混凝土抗拉强度 2.74 MPa 限值要求的内力控制，桥墩墩顶横桥向位移值须不大于6 mm（宜不大于4 mm）。

3）当CRTSⅡ型板式无砟轨道简支梁桥梁桥墩墩顶发生顺桥向位移时，底座板底部会发生顺桥向位移，按混凝土抗拉强度2.74 MPa限值要求的内力控制，桥墩顺桥向位移值须不大于5 mm（宜不大于4 mm）。

4）对于CRTSⅠ型板式无砟轨道简支梁桥梁，由于底座板和轨道板纵向不连续，对轨道结构内力的影响较CRTSⅡ型板式无砟轨道简支梁桥梁要小得多。

根据上述影响研究，综合桥梁桥墩墩顶位移对轨道平顺性、轨道结构内力及高速铁路行车安全、舒适度的影响，并考虑一定的安全冗余，高速铁路桥梁桥墩墩顶位移控制限值见表1-1。

表1-1　高速铁路桥梁桥墩墩顶位移控制限值表

位移控制限值 / 轨道类型	顺桥向/纵向（mm）	横桥向/横向（mm）	竖桥向/垂向（mm）
有砟轨道	3	3	3
无砟轨道	2	2	2

16. 有关工程采用直线正交方式穿跨高速铁路桥梁区段时，与直线斜交方式等相比，穿跨结构物与高速铁路桥墩的安全距离、后施工桩与高速铁路桥桩间距等条件更容易满足；且施工阶段和使用阶段对高速铁路桥梁的影响也要小些；同时，穿跨结构物的长度也可短些。有关工程采用直线正交方式穿跨高速铁路路基区段时，与直线斜交方式等相比，施工阶段和使用阶段对高速铁路桥梁的影响也要小些；同时，穿跨结构物的长度也可短些。因此，有关工程穿跨高速铁路时，应尽可能采用直线正交方式穿跨高速铁路；确因条件受限时，可适当调整交叉角度，斜交时夹角不宜小于60°。

17. 有关公（道）路工程下穿的高速铁路桥梁、涵洞应有足够的净高和净宽，满足有关公（道）路工程的净高、净宽要求。根据现实情况和工作实践，为防止运行车辆可能超高，撞击高速铁路桥梁梁体，危及高速铁路运营安全；保证下穿结构物与高速铁路桥墩具有一定的安全距离，应做到：

(1)下穿高速铁路桥梁、涵洞的公(道)路，当通过机动车辆时，其净空一般应为5.20 m及其以上。

(2)下穿高速铁路桥梁、涵洞的公(道)路，当通过机动车辆且其净空不足5.00 m时，应当按照《道路交通标志标线》(GB 5768—1999)标准的相关要求设置限高、限行及禁令标志，并在下穿高速铁路桥梁、涵洞的公(道)路双向两端设置限高防护架，以确保超高车辆不能进入。

(3)下穿高速铁路桥梁、涵洞的公(道)路，其净空等于或大于5.00 m而小于或等于7.00 m时，也应在下穿高速铁路桥梁、涵洞的公(道)路双向两端设置限高防护架和相应标志，以确保超高车辆不能进入。

(4)下穿高速铁路桥梁、涵洞的非机动车道路，其净空小于或等于7.00 m且不能防止大、中型机动车通行时，也应在下穿高速铁路桥梁、涵洞的非机动车道路双向两端设置限高防护架和相应标志，以确保超高车辆不能进入。

(5)以上限高防护架设置的净高(限高防护架横梁底至路面高度)在任何情况下均应低于桥梁、涵洞下实际净高2.0 cm及其以上，并须与限高标志一致。

(6)限高防护架设置宽度不得小于公(道)路路面的实际宽度，距高速铁路桥梁、涵洞外侧的距离应满足铁路线路安全保护区距离的规定(按照《铁路安全管理条例》(中华人民共和国国务院令 第639号)规定，铁路线路安全保护区的范围，从铁路线路路堤坡角、路堑坡顶或者铁路桥梁(含铁路、道路两用桥，下同)外侧起向外的距离分别为：城市市区高速铁路为10 m，其他铁路为8 m；城市郊区居民居住区高速铁路为12 m，其他铁路为10 m；村镇居民居住区高速铁路为15 m，其他铁路为12 m；其他地区高速铁路为20 m,其他铁路为15 m),但为防止限高防护架被撞损后波及高速铁路线路上等危及高速铁路运营安全,限高防护架距高速铁路桥梁、涵洞外侧的距离应50 m及其以上,至少不得小于限高防护架自身宽度且不得小于铁路线路安全保护区规定的距离。

(7)限高防护架结构形式及材料等应满足有关规定要求。

(8)在高速铁路桥梁单孔内穿越无法满足公路和市政工程的净宽要求时,可在高速铁路桥下相邻的多孔内穿越。

18. 下穿高速铁路有砟轨道桥梁、涵洞的公(道)路处所,为防止铁路道砟掉落至公(道)路上,高速铁路有砟轨道须设置挡砟网、挡砟墙等防落物设施。

19. 为确保高速铁路运营安全,桥梁、桩板结构、U形槽和箱形结构下穿工程长度应超出高速铁路桥梁梁体水平投影边以外20 m范围,地基土为软弱土时应适当延长。

20. 为防止下穿高速铁路的公(道)路车辆碰撞高速铁路桥墩,危及高速铁路运营安全,下穿高速铁路的结构物须与高速铁路桥墩保持一定的安全距离,非U形槽和箱形结构下穿高速铁路的公(道)路应设置高速铁路桥梁防撞护栏(U形槽和箱形结构的边墙相当于刚性桥梁防撞护栏,因此,不需另设置桥梁防撞护栏),桥梁防撞护栏外侧与高速铁路桥墩的净距原则上不应小于2.50 m,技术要求按相关规范、规定执行,一般采用加强型SS级桥梁防撞护栏,也可采用5.00 m高加强防护墙(见后面有关章节实例)等。

21. 新建公路与市政工程下穿高速铁路桥梁区段时,下穿工程采用钻孔桩时,应保证后施工桩与高速铁路桥梁桩基有足够间距,对深厚层软土等很差地层,两者桩中心距离宜大于8倍后施工桩的桩径;对软土、粉细砂等软弱土较差地层,两者桩中心距离宜大于6倍后施工桩的桩径;对其他良好地层,两者桩中心距离可适当放宽,但不宜小于4倍后施工桩的桩径，还应考虑钻孔桩施工时机具与高速铁路之间需有一定的施工安全距离。且后施工的钻孔灌注桩桩径与高速铁路桥梁桩基桩径的比值不应大于 1.25。

在高速铁路影响区范围内需进行桩基施工时，相对而言，钻孔灌注桩施工较其他如预制桩施工对高速铁路影响相对较小，因此，应尽可能采用钻孔灌注桩。钻孔灌注桩施工对高速铁路桥梁桩基的影响大小，一方面与钻孔灌注桩的大小、桩长以及高速铁路桥梁桩基的设计情况有关，另一方面与地质条件、后施工的钻孔灌注桩与高速铁路桥梁桩基的距离有关。有关研究结果表明：

(1) 随着后施工的钻孔灌注桩桩径的增大，高速铁路桥梁桩基的最大水平位移和桥墩墩顶位移均增大。当后施工的钻孔灌注桩桩径与高速铁路桥梁桩基桩径（也为钻孔灌注桩，下同）的比值大于 1.25 后，高速铁路桥梁桩基和桥墩墩顶变形随比值的变化速率比 1.25 之前更大，说明后施工的钻孔灌注桩桩径越大，成孔时释放的应力越大，对临近高速铁路桥梁的影响也相应增大。

(2) 通过对不同地区地质条件下后施工的钻孔灌注桩施工对高速铁路桥梁桩基影响进行分析表明，同等情况下，土层性质越差，后施工的钻孔灌注桩施工对高速铁路桥梁桩基的影响也越大，在某条件下，在地质条件很差的深厚层软土地层（地层基本承载力 30 kPa）中的后施工的钻孔灌注桩，引起的高速铁路桥梁桩基的变形量是地质条件良好的地层（地层基本承载力 150 kPa 及以上）的 10 倍左右。

(3) 在不同的地层条件下，随着后施工的钻孔灌注桩与高速铁路桥梁桩基间距离的减小，高速铁路桥梁桩基的最大水平位移和桥墩墩顶位移均呈加快增长趋势，并且地质条件越差，增长速率越快。在地质条件良好的地层（地层基本承载力 150 kPa 及以上）中，当后施工的钻孔灌注桩与高速铁路桥梁桩基的距离超过 4 倍后施工的钻孔灌注桩桩径后，后施工的钻孔灌注桩施工对高速铁路桥梁影响已很小；在地质条件较差的软土地层（地层基本承载力 50 kPa～80 kPa）中，当后施工的钻孔灌注桩与高速铁路桥梁桩基的距离超过 6 倍后施工的钻孔灌注桩桩径后，后施工的钻孔灌注桩施工对高速铁路桥梁影响较小；在地质条件很差的深厚层软土地层（地层基本承载力 30 kPa）中，当后施工的钻孔灌注桩与高速铁路桥梁桩基的距离超过 8 倍后施工的钻孔灌注桩桩径后，后施工的钻孔灌注桩施工对高速铁路桥梁的影响较小。因此，为使新建公路与市政工程下穿高速铁路桥梁区段时不影响高速铁路桥梁结构和运营安全，在深厚层软土等很差地层，两者最小桩间距宜大于 8 倍后施工的钻孔灌注桩的桩径，不满足时可采取高速铁路桥梁桩基防护等措施；在软土、粉细砂等软弱土较差地层，两者最小桩间距宜大于 6 倍后施工的钻孔灌注桩的桩径，不满足时可采取护筒跟进等措施；对其他良好地层，可适当放宽两者最小桩间距，但不宜小于 4 倍后施工的钻孔灌注桩的桩径。为避免后施工的钻孔灌注桩施工作业中，施工机具碰撞高速铁路桥梁墩身等，还须考虑后施工的钻孔灌注桩施工时机具与高速铁路桥梁之间具有一定的施工安全距离。

22. 新建公路与市政工程下穿高速铁路桥梁区段时，下穿工程基坑开挖时，应尽量减小开挖深度，并应结合平面使高速铁路桥墩基础位于基坑边缘 1 倍开挖深度以外，即下穿工程基坑在高速铁路桥墩基础 45°下斜线以上。

23. 新建公路与市政工程下穿高速铁路桥梁区段时，当不满足上述（即第 19 条和第 20 条）最小桩间距、桥墩基础与基坑水平距离要求时，应采取可靠的安全防护措施，并须做专门安全影响研究。

24. 新建公路与市政工程下穿高速铁路桥梁区段时，如果对临近高速铁路桥墩进行区域性地下水降水，会造成桥墩周边土体沉降，使高速铁路桥梁桩基产生负摩阻力，降低高速铁路桥梁桩基承载能力；同时，土体下沉还会引起高速铁路桥梁墩身下沉，进而危及高速铁路运营安全。因此，新建公路与市政工程下穿高速铁路桥梁区段时，若地下水位较高，应在支护结构外侧设置截水帷幕进行坑内降水，禁止坑外降水。

25. 新建公路与市政工程下穿高速铁路桥梁区段时，为避免高速铁路桥墩周边土体被水长期浸泡，造成地基承载力下降，新建公路与市政工程排水应采用集中排水方式，引出铁路范围以外，下穿节点处高速铁路桥下不得形成积水。采用集水井收水时，集水井应设置于高速铁路桥梁投影面范围以外。

26. 燃气管、压力管原则上不应与其他下穿工程在高速铁路桥梁同一孔跨内、高速铁路同一涵洞内穿越。

27. 在高速铁路影响区（高速铁路影响区是指高速铁路营业线两侧一定的范围，在该范围内的各种施工作业会影响或可能会影响高速铁路营业线设备的稳定、使用和行车安全）范围内，土方开挖、填土及弃土均会对高速铁路桥墩产生不利影响，进而影响轨道平顺性。因此，为避免对高速铁路产生不利影响，禁止在高速铁路影响区范围内随意堆放弃土；高速铁路桥下土方开挖或填方作业应按分层、对称、均衡的要求进行。

28. 新建公路与市政工程下穿高速铁路桥梁区段时，下穿工程应与高速铁路桥下检修通道设置统筹考虑，做到既确保下穿工程能够很好实施和使用，又确保高速铁路桥下检修通道通畅易行，不影响高速铁路养护与维修。

29. 新建公路与市政工程下穿高速铁路桥梁区段时，受下穿工程影响，高速铁路桥梁需修改桥面排水方式或设置防抛网等时，应经铁路有关管理部门、专业部门审查同意后实施。

30. 新建公路与市政工程下穿高速铁路桥梁区段时，下穿公（道）路应根据影响公（道）路、高速铁路安全等具体情况，设置必要的交通标志、标线、减速和引导设施等；穿越管线应在管线上方设置警示带、地面穿越标识、永久标志桩牌等。标志标牌等的设置应符合国家现行有关标准规定。

31. 对于软弱地基土地区，不适宜于直接在地基上采用路基结构形式时，或地面下挖深度不超过 1.00 m 时，或由于洪水位控制，采用带支座的桥梁结构形式支座位于洪水位以下，不适宜于设置带支座梁型时，根据实际需要和结构形式比选，采用桩板结构形式（由地基土、刚性或半刚性桩与桩顶钢筋混凝土承载板组成的结构形式）下穿高速铁路桥梁可为一种合适的结构形式。按照支承方式，桩板结构形式可采用独立墩式、托梁式以及复合式等结构形式。

32. 下穿高速铁路桥梁的桩板结构进行现浇施工时，混凝土浇筑过程中附加荷载会对高速铁路桥梁结构产生影响，因此，桩板结构有关计算时应充分考虑该附加荷载的传力路径，并计算分析该附加荷载对高速铁路桥梁的影响。

33. 下穿高速铁路桥梁的桩板结构板块混凝土浇筑施工时，应采用对称平衡的浇筑方法进行浇筑，以减少浇筑过程中对高速铁路桥梁的影响。

1.4 穿跨高速铁路工程的监测工作

1. 穿跨高速铁路工程施工过程中，为确保高速铁路运营安全和正常运营，须对高速铁路进行变形监测。高速铁路变形监测是穿跨高速铁路工程建设的非常必要环节，可及时为穿跨高速铁路工程的施工安全和高速铁路的运营安全等提供翔实的监测结果，根据监测结果指导施工、优化设计，实现动态设计、动态施工。

2. 高速铁路变形监测包括路基沉降变形监测和设备状态监测。高速铁路桥梁变形监测还应包括墩台的垂直位移监测和顺桥向位移监测、横桥向位移监测等内容。

3. 高速铁路变形监测应在设计阶段与主体工程同步设计，明确其内容、方法、范围和频率等。在变形监测工作实施前，应根据高速铁路安全要求、运营要求和有关规定要求，以及变形类型、监测目的、任务要求以及测区条件等，确定变形监测的具体内容、精度级别、基准点和工作基点及变形监测点布设方案、监测周期、仪器设备及鉴定要求、观测与数据处理方法、提交监测结果内容等，编制详细的监测技术方案。

4. 高速铁路变形监测工作应根据穿跨高速铁路工程施工开工时间、工程进度以及工程需要等适时开展。

5. 高速铁路变形监测须实时收集高速铁路变形数据，掌握变形动态，其监测频次、精度等要求很高，宜优先采用自动化监测方法，借助于自动监测系统监测路基、设备的变形。自动监测系统一般由数据采集系统、数据通信和数据分析系统三部分构成，现阶段主要借助测量机器人、GPS 卫星等测量设备，对穿跨高速铁路工程施工中的需监测项目进行实时监测，将监测数据经过软件处理接入管理系统现场监控模块，在监控模块中呈现给相关权限的部门和工程管理人员使用，并且实现直观的人机交换界面，变形数值或监测数值超限自动预警、报警，监测数据自动汇总、提报等功能。

6. 高速铁路变形测量精度等级及精度、测量仪器设备及精度、测量方法、测量要求等应符合有关规定。

7. 高速铁路变形测量点可分为基准点、工作基点和变形监测点，对同一监测项目，监测时宜固定基准点和工作基点，且基准点应位于高速铁路影响区外，变形监测点的位置和数量应根据监测内容、工程特点确定。

8. 高速铁路变形监测频率应符合下列规定：

穿跨高速铁路工程施工前，应进行预观测，采集监测初始值，确保监测仪器设备稳定、可靠；穿跨高速铁路工程施工时，对高速铁路的扰动受地质条件、高速铁路建（构）筑物结构、穿跨净距、穿跨工艺以及施工进度等多方面因素影响，因此，需要结合工程现场实际，分阶段制定科学合理的监测频率；穿跨高速铁路工程竣工后，应持续监测不少于3个月，之后结合监测数据收敛情况，确定后续监测时间和频率。

(1)监测频率应能系统反映监测对象所测项目的重要变化过程，根据变形速率、建(构)筑物特性及既有状况等因素来统筹考虑确定。

(2)监测频率应由设计单位根据工程类型及影响程度等科学合理确定，并满足有关规定要求，需全面、正确做好施工前首期观测、施工中跟踪观测、施工后继续观测和长期观测工作。

(3)当出现下列情况之一时，应加强监测，提高监测频率，并及时向委托方和相关单位报告监测结果。

1)监测数据达到报警值。

2)监测数据变化量较大或者速率加快。

3)出现其他影响高速铁路及周边环境安全的异常情况。

4)施工过程中工序转化或遇到其他异常情况。

5)由于暴雨、冻融等自然灾害引起的其他变形异常情况。

9. 建设单位等有关单位需根据高速铁路沉降变形和设备状态的监测情况，及时组织分析、研究沉降变化规律和发展趋势，对线桥等设备状态和动车组列车运行的影响等，并及时根据分析、研究结果完善监测技术方案，及时采取有效处理措施或启动应急预案，确保高速铁路的绝对安全和正常运营。

10. 当高速铁路沉降变形异常影响高速铁路行车安全时，建设单位、铁路局等有关单位须立即启动应急预案，采取相应有效措施及时进行处理，确保高速铁路行车安全。

11. 铁路局有关单位应定期对高速铁路沿线周边环境(含地下)进行巡查，及时掌握可能影响高速铁路基础稳定的施工等情况，并采取相应有效措施及时进行处理，确保高速铁路安全运营和正常运营。

1.5　正确认识、运用穿跨高速铁路工程的有关规范（标准、规定）

穿跨高速铁路工程的有关规范（标准、规定）是经验不断积累和教训不断汲取的结果，工程技术人员在设计等过程中必须认真遵守有关规范（标准、规定），但有关规范（标准、规定）内容不可能涵盖已经发生、正在发生、将要发生的所有事例的经验和教训，认真遵守有关规范（标准、规定）只是积累经验的做法坚持、汲取教训的亡羊补牢之举，这是基本的、必须的，但绝不是全部的、最优的。因此，工程技术人员要正确认识有关规范（标准、规定）、认真遵守有关规范（标准、规定），而不能生搬硬套有关规范（标准、规定）、拘泥于有关规范（标准、规定），要结合每个工程具体实际情况，因地制宜、因时制宜、因事制宜，在认真遵守有关规范（标准、规定）的基础上，按照安全、可靠、先进、成熟、经济、适用的工作要求，积极科学合理做好设计等工作，做到系统最优、满足需要、有利发展。简而言之，工程技术人员在工作过程中，要认真遵守穿跨高速铁路工程的有关规范（标准、规定），并努力做到科学合理全于有关规范（标准、规定）、优于有关规范（标准、规定）。

工程技术人员等有关人员在穿跨高速铁路工程方案、设计具体实践中，需注意统筹好、把握好、处理好系统最优与具体可行、遵守规范（标准、规定）与结合实际、普遍适用与个性处理、满足需要与有利发展等关系，努力使穿跨高速铁路工程方案、设计科学合理。

1.6　穿跨高速铁路工程方案、设计审查意见中正确使用有关要求严格程度的用词

在拟定穿跨高速铁路工程方案、设计审查意见时，需要正确使用有关要求严格程度的用词，以使有关各方在执行中区别并明确对待。一般情况下，有关要求严格程度的用词表示的严格程度如下：

1. 表示非常严格，非这样做不可的用词：

正面词采用“必须”；反面词采用“严禁”。

2. 表示很严格，要这样做的用词：

正面词采用“需”；反面词采用“不许”或“不可”。

3. 表示严格，在正常情况下均应这样做的用词：

正面词采用“应”；反面词采用“不应”或“不得”。

4. 表示允许稍有选择，在条件许可时首先应这样做的用词：

正面词采用“宜”；反面词采用“不宜”。

5. 表示有选择，在一定条件下可以这样做的用词：

采用“可”。

1.7 穿跨高速铁路工程施工等管理

穿跨高速铁路工程项目建设单位必须认真做好穿跨高速铁路工程施工等管理，必须真正履行穿跨高速铁路工程项目建设的设计安全、施工安全及其穿跨高速铁路工程项目建成后运维安全等安全全部责任，必须对穿跨高速铁路工程的相关安全切实全面、全过程负责；有关铁路局工务段（桥工段）等相关单位作为穿跨高速铁路工程项目的施工安全配合单位，需按签订的《施工安全配合协议》，认真履行《施工安全配合协议》中的有关条款。以确保穿跨高速铁路工程项目的建设安全、运维安全，从而确保高速铁路运营安全。

1.8 穿跨高速铁路及邻近高速铁路的管理

1.8.1 做好巡查管理

高速铁路线路沿线有关公（道）路不可随意下穿高速铁路，有关铁路局工务段（桥工段）等相关单位应及时、全面、认真做好巡查管理，杜绝公（道）路随意下穿高速铁路现象，以减少高速铁路安全隐患。

1.8.2　做好桥下管理

高速铁路桥梁下须杜绝随意滥用，高速铁路桥梁附近须杜绝随意挖填等，有关铁路局工务段（桥工段）等相关单位需及时、全面、认真做好日常巡查和有效管理工作。

1.8.3　做好邻近管理

高速铁路线路两侧厂房、民居等建（构）筑物不应与高速铁路防护栅栏的距离过近，地方政府对高速铁路线路两侧的地方土地开发须严格控制、土地管理须严格认真，高速铁路线路两侧厂房、民居等建（构）筑物与高速铁路防护栅栏必须有足够的安全距离（不应仅满足铁路线路安全保护区规定的距离），以减少相互间可能的影响。

第 2 章　管线穿跨高速铁路工程

有关管线(含涵,下同)尤其是油气输送管道穿跨高速铁路,安全风险很大,需管线工程有关人员认真做好设计、施工、运行、维护、监管等工作,做到设计安全可靠、施工质量可靠、运行状态可靠、养护维修可靠、日常监管可靠,以确保有关管线投用后,高速铁路运营的正常进行和绝对安全、持续安全。

2.1　管线穿跨高速铁路工程的有关规定

2.1.1 《高速铁路设计规范》(TB 10621—2014)中的有关规定

1. 高速铁路与输油、输水、输气管道等设施交叉时,应采用高速铁路上跨的方式(隧道地段除外)。

说明: 为确保高速铁路运营安全,高速铁路与输油、输水、输气管道等设施交叉时,除隧道地段外,需采用高速铁路上跨上述设施的方式,防止上跨管道泄露危及高速铁路运营安全;在高速铁路的隧道地段,输油、输水、输气管道等设施可采用上跨高速铁路的方式。输油、输水、输气管道等设施通过高速铁路路堤时一般需设置保护涵;管道在铁路桥下通过时,管顶埋深及防护要求、距梁底高度等需满足相关专业要求。

2. 牵引供电系统对油气管道的电磁影响、交叉要求,与油库、液化气库等易燃易爆品库之间的安全距离,应符合《交流电气化铁道对油(气)管道(含油库)的影响容许值及防护措施》(TB/T 2832)、《油气输送管道穿越工程设计规范》(GB 50423)、《石油库设计规范》(GB 50074)、《汽车加油加气站设计与施工规范》(GB 50156)及《城镇燃气设计规范》(GB 50028)等技术标准的有关规定。

2.1.2 《铁路工程设计防火规范》(TB 10063—2016)中的有关规定

1. 输送甲、乙、丙类可燃液体管道和可燃气体管道与铁路平行埋设时,原油、成品油管道距铁路线不应小于 25 m,液化石油气管道距铁路线不应小于 50 m,且距铁路用地界应大于 3.0 m,并应符合《铁路安全管理条例》中有关铁路线路安全保护区的规定。

直接为铁路运输服务的乙、丙类可燃液体和低压可燃气体管道与邻近铁路线的防火间距不应小于 5.0 m。中压及次高压可燃气体管道与邻近铁路路堤坡脚的防火间距不应小于 5.0 m,困难条件下采取有效的安全防护措施后可适当缩小。

2. 埋设输送甲、乙、丙类可燃液体管道和可燃气体管道与铁路房屋防火间距应符合《输气管道工程设计规范》(GB 50251)、《输油管道工程设计规范》(GB 50253)、《城镇燃气设计规范》(GB 50028)等国家相关标准的规定。

3. 可燃液体和可燃气体管道穿跨铁路

(1)管道穿跨线路

1)管道不应跨越城际铁路、设计时速 200 km 及以上的铁路、动车走行线。管道不宜在其他铁路上方跨越,确需跨越时应采取安全可靠的防护措施,并应符合下列规定:

①管道跨越结构底面至铁路轨顶面距离不应小于 12.5 m,且距离接触网带电体的距离不应小于 4.0 m,其支承结构的耐火等级应为一级。

②跨越段管道壁厚应符合《油气输送管道跨越工程设计规范》(GB 50459)的规定。

③跨距不应小于铁路的用地界。跨越范围内不应设置法兰、阀门等管道部件。

2)管道穿越铁路位置应符合下列规定:

①管道宜选择在铁路桥梁、预留管道涵洞等既有设施处穿越。

②管道不应在既有铁路的无砟轨道路基地段穿越，特殊条件下穿越应进行专项设计，并应符合该路基沉降的限制标准。

③管道不宜在设计时速 200 km 及以上铁路及动车组走行线的有砟轨道路基地段、各类过渡段、铁路桥跨越河流主河道区段交叉。

3)甲、乙、丙类可燃液体和可燃气体管道与铁路交叉角度应符合下列规定：

①管道与铁路交叉宜采用垂直交叉或大角度交叉，交叉角度不宜小于 30°。

②当铁路桥梁与管道交叉条件受限时，在采取安全措施的情况下交叉角度可小于 30°。

③当管道采用顶进套管、顶进防护涵穿越既有铁路路基时，交叉角度不宜小于 45°。

4)甲、乙、丙类可燃液体和可燃气体管道采用顶进套管下穿铁路路基应符合下列规定：

①套管边缘距电气化铁路接触网立柱、信号机等支柱基础边缘的水平距离不得小于 3.0 m。

②套管顶部外缘距自然地面的垂直距离不应小于 2.0 m。套管不宜在铁路路基基床内穿越，困难条件下穿越铁路路基基床时，套管顶部外缘距路肩不应小于 2.0 m。

③套管伸出路堤坡脚护道不应小于 2.0 m，伸出路堑堑顶不应小于 5.0 m，且距路堤排水沟、路堑堑顶天沟和线路防护栅栏外侧不应小于 1.0 m。

5)甲、乙、丙类可燃液体和可燃气体管道采用防护涵下穿铁路路基应符合下列规定：

①防护涵孔径应根据输送管道直径、数量及布置方式确定。涵洞内宜保留宽度不小于 1.0 m 的验收通道，管道与管道间、管道与边墙间、管

顶与涵洞顶板间的距离不宜小于 0.5 m,涵洞内净空高度不宜小于 1.8 m,涵洞顶至路肩不应小于 1.7 m。

②主体结构应伸出铁路路基边坡,与涵洞顶交线外不应小于 2.0 m,并不得影响铁路排水设施的正常使用。

③防护涵洞内宜采用填充方式。未填充的应在涵洞两端设检查井,检查井应有封闭设施。

(2)管道穿越桥梁

1)甲、乙、丙类可燃液体和可燃气体管道严禁在铁路桥梁上敷设,且不应在桥梁范围内的上方跨越,并不宜在铁路桥跨越河流主河道区段交叉。

2)甲、乙、丙类可燃液体和可燃气体管道穿越既有铁路桥梁或铁路桥梁跨越既有管道时,在铁路桥梁(非主河道区段)下方可直埋通过或设防护涵通过。当设置防护涵时应符合上述(1)中第 5)条的有关要求,直埋时应符合下列规定:

①管顶在桥梁下方埋深不宜小于 1.2 m,管道上方应埋设钢筋混凝土板。钢筋混凝土板的宽度应大于管道外径 1.0 m,板厚不得小于 100 mm,板底面距管顶距离不宜小于 0.5 m,板的埋设长度不应小于铁路线路安全保护区范围。钢筋混凝土板上方应埋设警示带,穿越段的起始点以及中间每隔 10 m 处应设置地面穿越标志。

②铁路桥梁底面至自然地面的净空高度不应小于 2.0 m。

③管道与铁路桥梁墩台基础边缘的水平净距不宜小于 3.0 m。施工过程中应对桥梁墩台、管道进行安全防护。

3)甲、乙、丙类可燃液体和可燃气体管道穿(跨)越河流段,与上游或下游铁路桥梁之间的距离应符合《油气输送管道穿越工程设计规范》(GB 50423)和《油气输送管道跨越工程设计规范》(GB 50459)的有关规定。

4)甲、乙、丙类可燃液体和可燃气体管道不应从铁路立交、行洪、灌溉、保护等既有涵洞内穿越,可从为管道预留的涵洞或原功能废弃但结构完好的涵洞内穿越,既有涵洞应满足上述(1)中第5)条的有关要求。

说明:在铁路立交、行洪、灌溉、保护等既有涵洞内,在原设计功能基础上,再增加输油、输气管道将无法保证其安全,同时也影响原使用功能,故甲、乙、丙类可燃液体和可燃气体管道不能从铁路既有涵洞内穿越。对于原设计功能已废弃但结构完好的铁路既有涵洞,经论证符合穿越条件时可以利用。

(3)管道穿越站场

甲、乙、丙类可燃液体和可燃气体管道不应在车站两端咽喉区范围内及动车段(所)、机务段(所)、车辆段(所)内穿越或跨越铁路;其中在铁路编组站、旅客车站两端咽喉区范围内及动车段内严禁穿越或跨越铁路。

说明:车站两端咽喉区范围内,是指自一端咽喉区至另一端咽喉区并包含两咽喉区的整个车站范围。

2.1.3 《油气输送管道穿越工程设计规范》(GB 50423—2013)中的有关规定

1. 油气输送管道采用水平定向钻法穿越铁路建(构)筑物设计时,穿越深度应符合有关技术规定。

2. 油气输送管道采用水平定向钻法穿越铁路设计时,穿越管段应根据地基土层的稳定性和密实性,采取防止地表塌陷的措施。

3. 油气输送管道不宜与铁路反复交叉穿越;需要与铁路交叉时,其穿越点宜选在铁路的路堤段和管道的直线段,穿越宜避开高填方区、路堑、路两侧为同坡向的陡坡地段。当条件受限时也可从铁路的桥梁下交叉穿越。

说明:油气输送管道在选线阶段,首先要考虑避免或减少与铁路的交叉,可以使管道线路设计更加合理,也可以避免或减少因交叉带来的相互影响。铁路穿越点一般应选择在路基稳定、便于穿越的位置，当条件受限时也可从铁路的桥梁下交叉穿越。铁路编组站、大型客站、变电所是铁路上的大型和重要工程，一旦发生事故，危险性大，故严禁交叉。

4. 在穿越铁路的套管或涵洞内，油气输送管道不应设置水平或竖向弯管。

5. 油气输送管道穿越铁路时，应采用顶进套管、顶进箱涵或水平定向钻穿越方式，并满足路基稳定性的要求。当套管或涵洞内空间充填细土将穿越管段埋入时，可不设检漏管及两端的封堵。

6. 新建铁路与已建油气输送管道交叉时，应设置保护管道的涵洞，涵洞尺寸应满足管道运营维护要求。

7. 油气输送管道与铁路宜垂直交叉，在特殊情况下，交角不宜小于30°。油气输送管道与铁路桥梁交叉时，在对管道采取防护措施后，交叉角可小于 30°，防护长度应满足铁路用地范围以外 3 m 的要求。

说明：油气输送管道与被穿越铁路宜垂直相交，可使交叉管段长度短、穿越投资少、管理方便等；但同时考虑穿越受到地形、地质条件、地方规划因素、各类敏感地点的限制等，许多地段只能小角度交叉穿越，为此规定交叉角不宜小于 30°。油气输送管道与铁路桥梁下交叉时，在对管道采取防护措施后，交叉角可小于 30°，此规定对于油气输送管道穿越既有铁路桥下，尤其是铁路桥跨越埋地油气输送管道，都给出了较大灵活性。

8. 油气输送管道穿越铁路时，其穿越点四周应有足够的空间，满足管道穿越施工、维修及邻近建(构)筑物和设施安全距离的要求。

说明：油气输送管道穿越铁路的穿越点四周要求有足够的空间，是为了满足穿越管道施工安装、正常维护以及事故抢险等需要。

9. 油气输送管道不应利用铁路现有的涵洞进行穿越。

说明：铁路现有的涵洞是根据其具体的用途设置的，如人员、车辆通行，排水等，如果油气输送管道利用铁路现有的涵洞穿越，从管道工程方面考虑方便了施工，减少了投资，但是对铁路来说，改变了涵洞功能，增加了安全隐患。

10. 油气输送管道穿越铁路时，套管顶部最小覆盖层厚度应符合表 2-1 的要求。

表 2-1　套管顶部最小覆盖层厚度表

穿越位置	最小覆盖层厚度(m)
铁路路肩以下	1.7
自然地面或者边沟以下	1.0

说明：本条规定了油气输送管道穿越铁路时输送管道或者套管顶部的最小覆盖层厚度。覆盖层厚度不仅关系到管道的受力问题，还关系到路基及其路基下部土层承受车辆作用的问题，因此，油气输送管道穿越铁路，既要进行管道计算，还应该满足最小覆盖层厚度。如果不能满足最小覆盖层厚度，应该采取加固措施。

11. 为避免铁路不均匀沉降对油气输送管道或者套管的影响，油气输送管道穿越铁路时，输送管道或套管的底部应放置在密实而均匀的地层上。如果土层不均匀，应采取措施保证管道的安全。

12. 油气输送管道采用套管穿越铁路时，为便于油气输送管道安装，套管内径应大于输送管道外径 300 mm 以上。钢筋混凝土套管采用人工顶管施工方法时，为满足顶管人工开挖作业的需要，套管内直径不宜小于 1 m。

13. 油气输送管道采用套管穿越铁路时，套管长度宜伸出路堤坡脚、排水沟外边缘不小于 2.0 m；当穿过路堑时，应长出路堑顶不小于 5.0 m。被穿越的铁路有扩建规划时，应按照扩建后的情况确定套管长度。

14. 油气输送管道采用涵洞穿越铁路时，涵洞净空高度不宜小于 1.8 m，涵洞内宽度不宜小于输送管道外径加 2.5 m。

15. 采用直接钻孔法敷设穿越管道或者套管时，其钻孔孔洞直径不应超过油气输送管道或者套管外直径 50 mm。

说明：采用钻孔（包括水平定向钻孔、顶管等）敷设穿越管道，如果孔洞尺寸较油气输送管道或者套管过大，容易产生路基的塌陷，造成穿越管道受力不均匀等，影响铁路和管道运行，因此，要控制孔洞的直径。出现孔洞过大现象时，应迅速采取措施，充填过大的孔洞，避免造成路基的塌陷；如果钻孔、顶管、隧洞必须废弃时，应该迅速采取补救措施进行处理，如使用低等级混凝土填实孔洞等。

16. 油气输送管道采用涵洞、套管等保护方法穿越铁路时，宜采用钢筋混凝土涵洞、钢筋混凝土套管或者钢质套管。

说明：直径大于 1 000 mm 的钢质套管，由于管材较少，宜采用钢筋混凝土套管。

17. 油气输送管道采用涵洞、套管穿越铁路时，钢筋混凝土涵洞、套管的设计应根据穿越铁路的要求，执行现行行业标准《铁路桥涵设计基本规范》等有关规定。

说明：油气输送管道采用涵洞、套管等有保护方式穿越铁路，涵洞的净尺寸应该满足管道安装施工和维护的要求，同时，还应该满足铁路的要求。另外，涵洞顶部覆盖层的厚度，对涵洞结构的受力影响较大，应该根据铁路有关规范进行计算，综合考虑确定。钢筋混凝土涵洞、套管的设计方法应该按照现行的铁路桥涵设计规范等规定执行。

18. 油气输送管道采用套管穿越铁路时，钢质套管设计宜按本规范无套管穿越计算，强度设计系数 F 应执行本规范有关规定，套管的外径与壁厚之比不应小于 70，且最小壁厚不应小于 7 mm。

19. 油气输送管道采用套管穿越铁路时，套管中的油气输送管道应设置绝缘支撑，设计中应提出保持管道防腐涂层完整性的技术要求。

说明：电绝缘体支撑的支撑压力，应该进行控制，不应对油气输送管道的防腐涂层造成损坏。

20. 油气输送管道采用套管穿越铁路时，当一根套管中设置两根或者两根以上油气输送管道时，应使不同油气输送管道之间、油气输送管道与套管之间互相绝缘。

说明：套管中的油气输送管道与套管之间，以及多根油气输送管道之间电绝缘是阴极保护的需要。

21. 油气输送管道焊接应按现行国家标准《输气管道工程设计规范》(GB 50251)、《输油管道工程设计规范》(GB 50253)、《油气长输管道工程施工及验收规范》(GB 50369)的有关规定执行。

说明：穿越铁路工程是油气输送管道工程的一部分，因此，本条规定应按现行国家标准《输气管道工程设计规范》(GB 50251)、《输油管道工程设计规范》(GB 50253)、《油气长输管道工程施工及验收规范》(GB 50369)的有关规定执行穿越管段的焊接。

22. 铁路的穿越管段，油气输送管道对接接头焊缝均应进行100%射线探伤检验和100%超声波探伤检验。

说明：根据我国管道工程对焊接进行无损检测的要求，采用100%的射线探伤检验焊缝已在西气东输等一系列大型工程中执行，一般情况下，线路工程焊缝在进行100%的射线探伤检验后，基本上不再作超声波探伤检验。考虑到穿越铁路工程的重要性，规定了油气输送管道对接接头焊缝除进行100%的射线探伤检验外，还要进行100%的超声波探伤检验。

2.1.4 《油气输送管道与铁路交汇工程技术及管理规定》(国能油气〔2015〕392号)中的有关规定

根据《中华人民共和国石油天然气管道保护法》、《中华人民共和国铁路法》等法律法规和相关规定，为进一步规范油气输送管道与铁路交汇工程建设和管理，保障油气输送管道和铁路设施安全，保护人民群众生命财产安全，国家能源局、国家铁路局制定公布了《油气输送管道与铁路交汇工程技术及管理规定》（国能油气〔2015〕392 号）。

1. 管道与铁路交汇时应遵循的原则

（1）为统一油气输送管道（以下简称“管道”）与铁路相互交叉、并行工程的技术和管理要求，保障管道和铁路设施的安全，管道与铁路相互交叉、并行的工程（以下统称“交汇工程”）应遵循以下原则：

1）安全第一、预防为主。交汇工程应确保铁路运输安全和管道运行安全，特别是高速铁路、城际铁路等旅客列车的运输安全。

2）后建服从先建，尽量减少对既有设施的改建。

3）综合考虑铁路和管道行业规划。

4）保护环境，节约资源，经济合理。

5）平等协商、互相支持。

（2）交汇工程还应符合国家相关法律、法规和强制性标准的规定。

（3）油、气田集输管道与铁路相互交叉、并行，其条件相近时可参照执行。

2. 管道与铁路交叉

（1）管道与铁路交叉位置选择应符合下列规定：

1）管道不应在既有铁路的无砟轨道路基地段穿越，特殊条件下穿越时应进行专项设计，满足路基沉降的限制指标。

2）管道和铁路不应在旅客车站、编组站两端咽喉区范围内交叉，不应在牵引变电所、动车段（所）、机务段（所）、车辆段（所）围墙内交叉。

3）管道和铁路不宜在其他铁路站场、道口等建筑物和设备处交叉，不宜在设计时速 200 km 及以上铁路及动车组走行线的有砟轨道路基地段、各类过渡段、铁路桥跨越河流主河道区段交叉。确需交叉时，管道和铁路设备应采取必要的防护措施。

4）管道宜选择在铁路桥梁、预留管道涵洞等既有设施处穿越，尽量减少在路基地段直接穿越。

（2）管道与铁路交叉宜采用垂直交叉或大角度斜交，交叉角度不宜小于 30°。

当铁路桥梁与管道交叉条件受限时，在采取安全措施的情况下交叉角度可小于 30°。

当管道采用顶进套管、顶进防护涵穿越既有铁路路基时，交叉角度不宜小于 45°。

（3）当管道穿越铁路有砟轨道路基地段时，可采用顶进套管、顶进防护涵、定向钻、隧道等方式。

管道不应在设计时速 200 km 及以上铁路有砟轨道路基地段采用定向钻方式穿越。

（4）管道采用顶进套管穿越既有铁路路基时应符合下列规定：

1）套管边缘距电气化铁路接触网立柱、信号机等支柱基础边缘的水平距离不得小于 3.0 m。

2）套管顶部外缘距自然地面的垂直距离不应小于 2.0 m。套管不宜在铁路路基基床厚度内穿越；困难条件下套管穿越铁路路基基床时，套管顶部外缘距路肩不应小于 2.0 m。

3）套管伸出路堤坡角护道不应小于 2.0 m、伸出路堑堑顶不应小于 5.0 m，并距离路堤排水沟、路堑堑顶天沟和线路防护栅栏外侧不应小于 1.0 m。

4）套管宜采用《顶进施工法用钢筋混凝土排水管》（JC/T 640）规定的Ⅲ级管，并满足铁路桥涵相关设计规范的要求。

5）顶进套管穿越铁路施工时，套管外空间不允许超挖，穿越完成后应对套管外部低压注水泥浆加固，保持铁路路基的稳定状态。

6）顶进套管穿越铁路应采用填充套管方式，填充物可采用砂或泥浆等材料，不需设置两侧封堵和检测管。

7）顶管穿越工程不得影响铁路排水设施的正常使用。

（5）管道采用顶进防护涵穿越铁路路基时应符合下列规定：

1）防护涵孔径应根据输送管道直径、数量及布置方式确定。涵洞内宜保留宽度不小于 1.0 m 的验收通道，管道与管道间、管道与边墙间、管顶与涵洞顶板间的间距不宜小于 0.5 m，涵洞内净空高度不宜小于 1.8 m。特殊条件下，涵洞尺寸可由双方协商确定。

2）防护涵主体结构应伸出铁路路基边坡与涵洞顶交线外不小于 2.0 m，并不得影响铁路排水设施的正常使用。

3）防护涵结构应满足强度、稳定性、耐久性及埋置深度要求，应符合铁路相关设计规范的规定。

4）防护涵宜采用填充方式，填充后不设检查井。涵洞内空间未填充时应在涵洞两端设检查井，检查井应有封闭设施。

（6）管道采用定向钻穿越铁路应考虑管径、地质条件、埋深等因素，经检算满足铁路线路设施稳定时方可采用，并应符合下列规定：

1）当定向钻穿越路基时，入土点和出土点应位于铁路线路安全保护区以外不小于 5.0 m，路肩处管顶距原自然地面的距离不应小于 10.0 m，且应在路基加固处理层以下。

2）当定向钻穿越铁路桥梁陆地段时，管道外缘距桥梁墩台基础外缘的水平净距不应小于 5.0 m，最小埋深不应小于 5.0 m，且不影响桥梁结构使用安全。

3）对废弃后的定向钻穿越铁路管道，管道运营企业应及时采用混凝土、砂浆等材料填充密实。

（7）铁路不宜跨越既有管道定向钻穿越段，必须跨越时，应探明管道的位置与深度。当采用桥梁跨越时，桥梁墩台基础外缘与管道外缘的水平净距不应小于 5.0 m，且不影响管道安全。

(8)管道不应跨越设计时速 200 km 及以上的铁路、动车组走行线及城际铁路。管道不宜在其他铁路上方跨越,确需跨越时,管道应采取可靠的防护措施,并应满足下列要求:

1)管道跨越结构底面至铁路轨顶面距离不应小于 12.5 m,且距离接触网带电体的距离不应小于 4.0 m,其支撑结构的耐火等级应为一级。

2)跨越段管道壁厚应按《油气输送管道跨越工程设计规范》(GB 50459)的规定选取。

3)跨距不应小于铁路的用地界。跨越范围内不应设置法兰、阀门等管道部件。

(9)管道穿越既有铁路桥梁或铁路桥梁跨越既有管道时,铁路桥梁(非跨主河道区段)下方管道可直接埋设通过,并应满足下列要求:

1)管顶在桥梁下方埋深不宜小于 1.2 m,管道上方应埋设钢筋混凝土板。钢筋混凝土板的宽度应大于管道外径 1.0 m,板厚不得小于 100 mm,板底面距管顶间距不宜小于 0.5 m,板的埋设长度不应小于铁路线路安全保护区范围。钢筋混凝土板上方应埋设聚乙烯警示带;穿越段的起始点以及中间每隔 10.0 m 处应设置地面穿越标识。

2)铁路桥梁底面至自然地面的净空高度不应小于 2.0 m。

3)管道与铁路桥梁墩台基础边缘的水平净距不宜小于 3.0 m。施工过程中应对既有桥梁墩台或管道设施采取防护措施,确保管道与桥梁的安全。

(10)管道和铁路隧道不应在隧道洞门及洞口截水天沟范围内交叉。当埋地管道或管道隧道与铁路隧道洞身交叉时应符合下列规定:

1)新建管道可在既有铁路隧道洞身上方挖沟敷设。当采取非爆破方式开挖管沟时,管沟底部与铁路隧道结构顶部外缘的垂直间距不应小于 10 m,输油管道在铁路隧道洞身及其两侧各不小于 20 m 范围应采取可靠的防渗措施。当采取控制爆破手段开挖管沟时,管底与铁路隧道顶部的垂直净距不应小于 20 m,同时应考虑围岩条件、挖沟爆破规模及隧道结构的安全性等因素。

2)管道除采用隧道结构以外,不宜在铁路隧道下方穿越。

3)管道隧道与铁路隧道交叉时,两隧道垂直净距不应小于 30.0 m,且满足不小于 3～4 倍铁路隧道开挖洞径要求;两隧道净距小于 50.0 m 地段,后建隧道的衬砌结构应补强。

4)新建铁路隧道在埋地管道下方采用控制爆破开挖时,隧道顶部与埋地管道底部的垂直高度不应小于 20 m,同时应考虑铁路隧道断面大小、围岩条件、地面沉降变形及管道结构安全性等因素。

5)新建设施进行爆破作业时应采取保持围岩稳定的措施。既有设施的允许爆破振动速率,应根据既有隧道结构类型、结构状态、爆破环境条件以及既有铁路或管道运输性质、轨道或钢管类型等综合因素评估确定,爆破方案应征得既有设施企业的同意。

6)特殊地形情况下,采取工程措施并经既有设施企业审批通过后,可将交叉净距适当减小。

(11)埋地管道和铁路在软土等特殊土质、斜坡等特殊地段交叉时,应采取保证既有设施安全和稳定性的特殊设计。

(12)管道穿越既有铁路时,铁路方应对穿越处铁路设施进行检测评价。铁路两侧线路安全保护区外 3.0 m 范围内为穿越段,管道方在穿越段应按《油气输送管道穿越工程设计规范》(GB 50423)要求进行壁厚设计,采用加强级防腐涂层,对管道环向焊口采取 100% 超声波和 100% 射线探伤检测。管道方在施工期间应遵守铁路营业线施工安全管理规定,保持铁路线下基础工程的稳定,并采取防护措施。当交叉处管道上存在铁路杂散电流干扰时应对管道采取排流措施。

(13)铁路跨越既有管道时,管道方应对跨越管段进行完整性评价。铁路跨越段应设置保护涵或桥梁,并应对施工区域内的管道采取防护措施。铁路方在施工期间应保持管道原有的受力状态及管道周围土体和边坡的稳定。铁路施工便道及维修通道跨越既有管道时,应对管道采取防护措施。当交叉处管道上存在铁路杂散电流干扰时应对管道采取排流措施。

3. 管道与铁路并行

(1)管道与铁路并行布置时,应同时满足下列要求:

1)管道距铁路用地界的净距不应小于3.0 m。

2)埋地管道距邻近铁路线路轨道中心线的净距不应小于25 m。

3)地上管道与邻近铁路线路轨道中心线的水平净距不应小于50 m。

(2)电气化铁路与管道并行间距在100 m以内、并行长度在1 000 m以上时,在建设期间应预设必要的排流措施,铁路运行初期应按《埋地钢质管道交流干扰防护技术标准》(GB/T 50698)对排流效果进行检测、复核。

(3)管道穿(跨)越河流段与上下游铁路桥梁之间的距离应符合《油气输送管道穿越工程设计规范》(GB 50423)和《油气输送管道跨越工程设计规范》(GB 50459)的规定。

(4)管道专用隧道与铁路隧道并行时,两相邻隧道的净距应符合表2-2规定。

表2-2　管道专用隧道与铁路隧道间的最小净距表

围岩等级	Ⅰ	Ⅱ～Ⅲ	Ⅳ	Ⅴ	Ⅵ
净距(m)	(1.5～2.0)B	(2.0～2.5)B	(2.5～3.0)B	(3.0～5.0)B	>5.0 B

注:B为管道专用隧道或铁路隧道开挖宽度中的较大值(m)。

(5)铁路与管道站场设施的最小距离,应按《石油天然气工程防火设计规范》(GB 50183)执行。

油气管道阀室围墙距铁路用地界不应小于3.0 m。阀室设置放空立管时,放空管管口应高出周围25 m范围内的铁路设施及建(构)筑物2.0 m以上。

石油天然气站场设置放空立管时，其区域布置防火间距宜通过计算可燃气体扩散范围确定，扩散区边界空气中可燃气体浓度不应超过其爆炸下限的 50%，且放空管应高出 10 m 范围内的铁路设施或建筑物顶 2.0 m 以上。

4. 协商机制

(1) 管道企业与铁路运输企业应建立日常协商机制，协商解决工程建设与运营中有关事项。

(2) 遇特殊情况，管道与铁路工程交汇无法满足本规定相关要求时，经双方协商、专家论证和安全评估后，可采取工程类比或其他特殊处理措施。

(3) 在工程可行性研究阶段，应充分调研沿线铁路、管道现状分布及规划情况，管道企业和铁路运输企业应积极配合对方，提供有关信息。

根据调研结果，提出新建工程与既有设施交汇关系的处理方案，并征求对方意见；对方企业在接到征求意见函件后，应于 30 日(工作日)内书面回复。

(4) 当管道和铁路工程交汇时，应对既有设施的状态进行评价，并根据评价结果提出设计方案。建设方应在初步设计阶段向对方企业提交设计方案，并就建设项目概况、技术参数、交叉位置描述、拟定通过方案、并行间距等做出说明。

在保证安全的前提下，管道与铁路相互交叉应优先选用对既有设施扰动小、施工便利、经济性好的技术方案。并应在接到交叉设计方案后 30 日(工作日)内回复书面意见。

当管道与铁路交汇段同为新建、改(扩)建工程时，双方企业应按照确保安全、互相有利、节省投资和缩短工期的原则，合理选择设计施工方案。

(5) 当受地形、地物和周边条件等限制，需要迁移交汇段既有设施时，建设单位应向产权单位提出书面请求，说明迁移需求和理由。

产权单位应积极配合建设单位组织编制迁移方案，在接到迁移方案后30日（工作日）内完成审查并出具处理意见。

（6）在符合相关法律法规、强制性标准条文和本规定的条件下，为统一管道穿（跨）越既有铁路工程或铁路跨越既有管道工程的技术方案，双方共同组织编制交叉穿（跨）越的标准设计图，并编制概算定额，经两行业专家审查后，在建设项目中推广使用，作为交汇工程设计和概算取费的依据。

（7）交汇工程施工由项目建设单位负责实施，对方企业配合。交汇工程竣工后，应由双方共同进行工程验收，竣工资料由双方存档。

（8）交汇工程因施工需要在铁路线路或管道保护区内进行勘探、取土、弃土、堆料、设置临时设施、临时占用对方用地等活动，应经对方企业同意，采取保护措施，并接受对方企业的全过程安全监管和监督，工程施工结束后恢复原貌。

（9）当施工过程中确需在相关法律法规明确的铁路或管道限制爆破区域内进行爆破作业时，除应遵循国家法律法规以及有关强制性标准要求外，建设单位应提前将爆破方案提交对方企业审查，对方企业同意后方可实施。

5. 责任与义务

（1）交汇工程施工中应采取必要的安全措施，对既有工程及附属设施实施良好的保护。

（2）交汇处应设置相应的警示标志，以及其他必要的安全措施，确保运营安全。

（3）对每一处交汇工程，双方企业运维单位应建立联系机制，对本方设施进行维护、检修时，应保护对方设施，并做好相关的应急预案；当巡检、维护中发现对方设施存在异常现象或安全隐患时，应及时通知对方。

防洪期间，双方企业应加强交汇段各自设施的防护。

（4）当交汇段出现紧急事故危及对方运营安全时，应立即通知对方，双方采取有效措施，排除风险。

（5）既有设施企业应自行负担交汇工程段既有设施的评估、检测等相关费用。交汇工程引起的铁路和管道的运营损失费等不得计列。

（6）交汇工程设置的管道保护套管、混凝土盖板等管道防护设施属于管道企业资产；交汇工程设置的铁路桥梁和涵洞属于铁路企业资产，上述设施验收合格后应按照国家有关规定移交有关单位管理、维护。

6. 相关术语定义

（1）“油气输送管道”是指连接油气产地、储存库及使用单位，用于长距离输送石油、天然气商品介质钢制管道。其中石油包括原油、成品油；天然气包括天然气、煤层气和煤制气。不包括城镇燃气管道和炼油、化工等企业厂区内管道。

（2）“油、气田集输管道”是指服务于油气田开发、生产、加工的各类不同介质的管道。

（3）“铁路”包括高速铁路、客货共线铁路（Ⅰ、Ⅱ、Ⅲ、Ⅳ级）、重载铁路、城际铁路、工业企业专用线等，不包括城市轨道交通。

2.1.5 《中国铁路总公司运输局关于穿（跨）越高速铁路营业线和邻近工程等方案审查有关问题的通知》（运工桥隧函〔2013〕316 号）中的有关规定

1. 输油、输气、输水管道等设施与已运营高速铁路（含客运专线铁路和城际铁路）、新建时速 200 km 铁路及其相关联络线和动车走行线的交叉应采用下穿铁路的方案。

2. 顶进箱涵和顶进套管施工的输油、输气、输水管道等应采用钢筋混凝土防护涵（管），并对铁路采取可靠的沉降控制措施；输气管道应适当提高管壁厚度和管道防腐、接地、通气等方面的设防等级。

2.2 管线穿跨高速铁路工程有关规范(标准、规定)的理解、掌握、运用

1. 当甲、乙、丙类可燃液体和可燃气体管道下穿高速铁路进行设计等时,须按有关规范(标准、规定)的最严格要求内容执行,并须考虑可能情况留有安全冗余进行掌握。

2. 根据《高速铁路设计规范》(TB 10621—2014)等规定,为确保高速铁路运营安全,高速铁路与输油、输水、输气管道等设施交叉时,除高速铁路的隧道地段外,需采用高速铁路上跨上述设施的方式;在高速铁路的隧道地段,输油、输水、输气管道等设施可采用上跨高速铁路的方式。同时,根据《油气输送管道与铁路交汇工程技术及管理规定》(国能油气〔2015〕392 号)规定,油气输送管道除采用隧道结构以外,不宜在铁路隧道下方穿越,即油气输送管道宜在铁路隧道上方跨越;油气输送管道采用隧道结构时,可在铁路隧道下方穿越。

3. 根据《高速铁路设计规范》(TB 10621—2014)等规定,输油、输水、输气管道等通过高速铁路路堤时一般需设置保护涵;管道在铁路桥下通过时,管顶埋深及防护要求、距梁底高度等需满足相关专业要求。应正确理解管顶埋深,为管道外顶面上或管道护涵外顶面上覆土厚度。

4. 根据《铁路工程设计防火规范》(TB 10063—2016)规定,输送甲、乙、丙类可燃液体和可燃气体管道与铁路平行埋设时,原油、成品油管道距铁路线不应小于 25 m,液化石油气管道距铁路线不应小于 50 m,且距铁路用地界应大于 3.0 m,并应符合《铁路安全管理条例》中有关铁路线路安全保护区的规定。

5. 根据《油气输送管道穿越工程设计规范》(GB 50423—2013)规定,

油气输送管道不宜与铁路反复交叉穿越。油气输送管道在选线阶段，首先要考虑避免或减少与铁路的交叉，使管道线路设计更加合理，以避免或减少因交叉带来的相互影响。

6. 根据《油气输送管道穿越工程设计规范》(GB 50423—2013)规定，油气输送管道与铁路桥梁交叉时，在对管道采取防护措施后，交叉角可小于 30°，防护长度应满足铁路用地范围以外 3 m 的要求。

7. 穿越铁路油气输送管道应做好焊接、检验、清管、测径及试压、防腐等工作，防止穿越管段因泄露、腐蚀等而发生事故。

8. 根据《油气输送管道穿越工程设计规范》(GB 50423—2013)规定，当套管或涵洞内空间充填细土将穿越管段埋入时，可不设检漏管及两端的封堵。铁路的穿越管段，油气输送管道对接接头焊缝均应进行 100% 射线探伤检验和 100% 超声波探伤检验。

9. 根据《油气输送管道穿越工程设计规范》(GB 50423—2013)规定，油气输送管道采用套管穿越铁路时，套管中的油气输送管道应设置绝缘支撑，设计中应提出保持管道防腐涂层完整性的技术要求。电绝缘体支撑的支撑压力，应该进行控制，不应对油气输送管道的防腐涂层造成损坏。

10. 根据《油气输送管道与铁路交汇工程技术及管理规定》(国能油气〔2015〕392 号)规定，油气输送管道与铁路并行布置时，管道距铁路用地界的净距不应小于 3.0 m；埋地管道距邻近铁路线路轨道中心线的净距不应小于 25 m；地上管道与邻近铁路线路轨道中心线的水平净距不应小于 50 m。电气化铁路与管道并行间距在 100 m 以内、并行长度在 1 000 m 以上时，在建设期间应预设必要的排流措施，铁路运行初期应按《埋地钢质管道交流干扰防护技术标准》(GB/T 50698)对排流效果进行检测、复核。

11. 在高速铁路桥下采用管、涵等形式下穿高速铁路时，管、涵等应在两侧桥墩45°下斜线以上位置；或对两侧桥墩采取隔离桩防护墙等防护措施，以减少下穿工程对两侧桥墩等产生的不利影响。

12. 根据《铁路工程设计防火规范》（TB 10063—2016）、《油气输送管道穿越工程设计规范》（GB 50423—2013）、《油气输送管道与铁路交汇工程技术及管理规定》（国能油气〔2015〕392号）等规定，油气输送管道不应跨越城际铁路、设计时速200 km及以上的铁路、动车走行线。管道不宜在其他铁路上方跨越，确需跨越时应采取安全可靠的防护措施，并应符合跨距不应小于铁路的用地界和跨越范围内不应设置法兰、阀门等管道部件等有关规定。管道宜选择在铁路桥梁、预留管道涵洞等既有设施处穿越，尽量减少在路基地段直接穿越；管道不应在既有铁路的无砟轨道路基地段穿越，特殊条件下穿越应进行专项设计，并应符合该路基沉降的限制标准；管道和铁路不应在车站两端咽喉区范围内（车站两端咽喉区范围内，是指自一端咽喉区至另一端咽喉区并包含两咽喉区的整个车站范围，下同）交叉，不应在牵引变电所、动车段（所）、机务段（所）、车辆段（所）围墙内交叉，其中在铁路编组站、旅客车站两端咽喉区范围内及动车段、变电所内严禁穿越或跨越铁路；管道和铁路不宜在其他铁路站场、道口等建筑物和设备处交叉，不宜在设计时速200 km及以上铁路及动车组走行线的有砟轨道路基地段、各类过渡段、铁路桥跨越河流主河道区段交叉，确需交叉时，管道和铁路设备应采取必要的防护措施。

13. 根据《铁路工程设计防火规范》（TB 10063—2016）、《油气输送管道与铁路交汇工程技术及管理规定》（国能油气〔2015〕392号）等规定，油气输送管道采用顶进套管下穿铁路路基时，套管边缘距电气化铁路接触网立柱、信号机等支柱基础边缘的水平距离不得小于3.0 m。套管顶部外缘距自然地面的垂直距离不应小于2.0 m；套管不宜在铁路路基基床内穿越，困难条件下穿越铁路路基基床时，套管顶部外缘距路肩不应小于2.0 m。套管伸出路堤坡脚护道不应小于2.0 m，伸出路堑堑顶不应小于 5.0 m,且距路堤排水沟、路堑堑顶天沟和线路防护栅栏外侧不应小于 1.0 m。

14. 根据《铁路工程设计防火规范》(TB 10063—2016)、《油气输送管道与铁路交汇工程技术及管理规定》(国能油气〔2015〕392 号)等规定,油气输送管道采用防护涵下穿铁路路基时,防护涵孔径应根据输送管道直径、数量及布置方式确定;涵洞内宜保留宽度不小于 1.0 m 的验收通道,管道与管道间、管道与边墙间、管顶与涵洞顶板间的距离不宜小于 0.5 m,涵洞内净空高度不宜小于 1.8 m,涵洞顶至路肩不应小于 1.7 m。主体结构应伸出铁路路基边坡,与涵洞顶交线外不应小于 2.0 m,并不得影响铁路排水设施的正常使用。

15. 根据《铁路工程设计防火规范》(TB 10063—2016)、《油气输送管道与铁路交汇工程技术及管理规定》(国能油气〔2015〕392 号)等规定,油气输送管道严禁在铁路桥梁上敷设,且不应在桥梁范围内的上方跨越,并不宜在铁路桥跨越河流主河道区段交叉。油气输送管道穿越既有铁路桥梁或铁路桥梁跨越既有油气输送管道时,在铁路桥梁(非主河道区段)下方可直埋通过或设防护涵通过。其一,当设置防护涵时应符合上述第 14 条的有关要求。其二,当直埋通过时,管顶在桥梁下方埋深不宜小于 1.2 m,管道上方应埋设钢筋混凝土板;钢筋混凝土板的宽度应大于管道外径 1.0 m,板厚不得小于 100 mm,板底面距管顶距离不宜小于 0.5 m,板的埋设长度不应小于铁路线路安全保护区范围;钢筋混凝土板上方应埋设警示带,穿越段的起始点以及中间每隔 10 m 处应设置地面穿越标志;铁路桥梁底面至自然地面的净空高度不应小于 2.0 m;管道与铁路桥梁墩台基础边缘的水平净距不宜小于 3.0 m,施工过程中应对桥梁墩台或管道设施进行安全防护。

16. 根据《铁路工程设计防火规范》(TB 10063—2016)、《油气输送管道与铁路交汇工程技术及管理规定》(国能油气〔2015〕392 号)等规定,油气输送管道不应从铁路立交、行洪、灌溉、保护等既有涵洞内穿越,可从为管道预留的涵洞或原功能废弃但结构完好的既有涵洞内穿越,既有涵洞应满足上述第 14 条的有关要求。

17. 根据《油气输送管道与铁路交汇工程技术及管理规定》(国能油气〔2015〕392 号)规定,当管道穿越铁路有砟轨道路基地段时,可采用顶进套管、顶进防护涵、定向钻、隧道等方式。

管道不应在设计时速 200 km 及以上铁路有砟轨道路基地段采用定向钻方式穿越。

18. 根据《油气输送管道与铁路交汇工程技术及管理规定》(国能油气〔2015〕392 号)规定,顶进套管穿越铁路应采用填充套管方式,填充物可采用砂或泥浆等材料,不需设置两侧封堵和检测管。

19. 根据《油气输送管道与铁路交汇工程技术及管理规定》(国能油气〔2015〕392 号)规定,管道采用顶进防护涵穿越铁路路基时,防护涵结构应满足强度、稳定性、耐久性及埋置深度要求,应符合铁路相关设计规范的规定。防护涵洞内宜采用填充方式,填充后不设检查井。防护涵洞内空间未填充时应在涵洞两端设检查井,检查井应有封闭设施。

20. 根据《油气输送管道与铁路交汇工程技术及管理规定》(国能油气〔2015〕392 号)规定,管道和铁路隧道不应在隧道洞门及洞口截水天沟范围内交叉。当埋地管道或管道隧道与铁路隧道洞身交叉时,新建管道可在既有铁路隧道洞身上方挖沟敷设:当采取非爆破方式开挖管沟时,管沟底部与铁路隧道结构顶部外缘的垂直净距不应小于 10 m,输油管道在铁路隧道洞身及其两侧各不小于 20 m 范围应采取可靠的防渗措施;当采取控制爆破手段开挖管沟时,管沟底部与铁路隧道结构顶部外缘的垂直净距不应小于 20 m,同时应考虑围岩条件、挖沟爆破规模及隧道结构的安全性等因素。管道隧道与铁路隧道交叉时,两隧道垂直净距不应小于 30 m,且满足不小于 3 ~ 4 倍铁路隧道开挖洞径要求;两隧道净距小于

50 m 地段,后建隧道的衬砌结构应补强。

21. 根据《油气输送管道与铁路交汇工程技术及管理规定》(国能油气〔2015〕392 号)规定,油气输送管道穿越既有铁路时,铁路两侧线路安全保护区外 3.0 m 范围内为穿越段,管道方在穿越段应按《油气输送管道穿越工程设计规范》(GB 50423)要求进行壁厚设计,采用加强级防腐涂层,对管道环向焊口采取 100% 超声波和 100% 射线探伤检测。管道方在施工期间应遵守铁路营业线施工安全管理规定,保持铁路线下基础工程的稳定,并采取防护措施。当交叉处管道上存在铁路杂散电流干扰时应对管道采取排流措施。

22. 根据《中国铁路总公司运输局关于穿(跨)越高速铁路营业线和邻近工程等方案审查有关问题的通知》(运工桥隧函〔2013〕316 号)规定,输油、输气、输水管道等设施与已运营高速铁路(含客运专线铁路和城际铁路)、新建时速 200 km 的铁路及其相关联络线和动车走行线的交叉应采用下穿铁路的方案。

23. 根据《中国铁路总公司运输局关于穿(跨)越高速铁路营业线和邻近工程等方案审查有关问题的通知》(运工桥隧函〔2013〕316 号)规定,顶进箱涵和顶进套管施工的输油、输气、输水管道等应采用钢筋混凝土防护涵(管),并对铁路采取可靠的沉降控制措施;输气管道应适当提高管壁厚度和管道防腐、接地、通气等方面的设防等级。

24. 对申请穿跨铁路的甲、乙、丙类可燃液体和可燃气体管道,必须首先确认管道工作压力,管道建设单位须委托管道工程设计单位,进一步核算穿跨铁路地段管道工作压力,对穿跨铁路地段管道工作压力大于 1.6 MPa 的,建设单位应委托具有相应资质的检验机构进行管道风险评估和安全评定工作,按照风险评估和安全评定结果,认真严格做好后续工作,若其可穿跨铁路,其工程防火设计须按国家有关专业标准进行特殊设计,并及时全面做好管道完整性管理工作。

2.3 管线穿跨高速铁路桥梁工程的工作要点

1. 管线穿跨高速铁路桥梁时,应尽量直线正交。

2. 管线穿跨高速铁路桥梁时,交叉管线应尽量采用地下敷设,避免架空敷设。

3. 多种管线下穿高速铁路桥梁时,应根据不同管线性质和要求、各管线走向及其他下穿构筑物等,统筹考虑管线布置,埋深较大的管线、压力管及燃气管应远离高速铁路桥墩承台,尽可能布置在桥跨中间部分,避免重复搬迁和多次施工扰动对高速铁路桥梁的影响。

4. 管线下穿高速铁路桥梁时,工程管线的最小覆土深度应符合《城市工程管线综合规划规范(GB 50289—98)》等有关规定,10 kV 以上直埋电力电缆管线的覆土深度不应小于 1.0 m。对严寒或寒冷地区给水、排水、燃气等工程管线还应根据土的冰冻深度确定管线覆土深度;热力、电信、电力电缆等工程管线以及严寒或寒冷地区以外的地区工程管线还应根据土的性质和地面承受荷载的大小确定管线的覆土深度。

5. 管线下穿高速铁路桥梁时,不同管线与铁路桥梁墩台基础边缘的净距要求应满足相应行业规范、规定的要求,设计、施工时应对既有桥梁墩台采取防护措施,确保桥梁安全。《油气输送管道与铁路交汇工程技术及管理规定》(国能油气〔2015〕392 号)中规定,油气输送管道与桥梁墩台基础边缘的水平净距不宜小于 3.0 m;《城市工程管线综合规划规范》(GB 50289—98)中规定,高压燃气管与建筑物之间的最小水平净距 4.0 m ~ 6.0 m,考虑到高压燃气管一旦发生问题,产生的危害更大,因此,高压燃气管与高速铁路桥梁墩台基础边缘的水平净距不宜小于 6.0 m。

6. 管线下穿高速铁路桥梁时,护套管孔径设计应方便养护使用单位检修护套管及管线，宜按表 2-3 进行设计。

表 2-3　护套管孔径表

管线直径(外径)	护套管(内径)
0.30 m 及以下	1.00 ~ 1.50 m
0.31 ~ 0.50 m	1.50 ~ 2.00 m
0.51 ~ 0.80 m	大于 2.00 m

7. 管线下穿高速铁路桥梁时，下穿管线宜采用非开挖技术施工，实施管线的工作坑、接受坑如在高速铁路保护区范围内，应验算其整体刚度、稳定性、支撑强度等；如受条件所限需采用开槽埋管时，应符合相关规定。

下穿管线采用水平定向钻钻进，或采用顶管法施工相对于明挖法施工对高速铁路桥梁影响要小，但工作坑、接受坑应尽量设置在高速铁路保护区范围外，如工作坑、接受坑邻近高速铁路桥墩，其基坑稳定性和变形应满足相应要求；采用明挖法施工时，应根据地质情况、开槽深度、槽沟离桥墩距离，进行开挖槽稳定性及施工过程对高速铁路桥墩影响性验算，必要时采取支挡围护等措施。

8. 管线下穿高速铁路桥梁时，直径 0.8 m 以下的各类管线下穿高速铁路，可采用水平定向钻钻进的方法施工；直径大于或等于 0.8 m 的各类管线下穿高速铁路，可采用顶管法施工。

9. 管线下穿高速铁路桥梁时，气体、液体管道应在铁路影响区附近窨井内设置安全阀门，以便必要时切断气体、液体通过，进行整治抢修。

2.4　管线下穿高速铁路工程方案、设计审查要求具体做法

根据建设单位关于申请审查××管线下穿××高速铁路有关工程施工图设计的函，有关铁路局应组织有关部门和单位人员，对设计单位编制的《××管线下穿××高速铁路有关工程可行性研究报告》、《××管线

下穿××高速铁路有关工程施工图设计》进行审查，并出具审查意见。

1. 天然气管道下穿高速铁路桥梁护涵工程施工图设计审查要求具体做法。

（1）在满足铁路长远发展需要、确保铁路运输安全、满足铁路运输条件要求的原则下，原则同意××天然气输气管道（下穿铁路地段管道工作压力×.×× MPa）在××高速铁路 K×××+×××.××处铁路桥梁下采用×孔（如：1 孔等）×.×××.×× m 等（如：3.00×2.00 m、内径 D2.20 m 等）钢筋混凝土保护涵直线正交下穿高速铁路桥梁，保护涵厚度为××.×× cm，保护涵外缘距高速铁路桥梁承台边缘最小距离×.×× m，明确采用何种方式（如：现浇、顶进等）施工。

（2）钢筋混凝土保护涵长度为铁路两侧线路安全保护区外大于或等于 3.00 m，钢筋混凝土保护涵埋深在自然地面以下大于或等于 2.00 m。

（3）天然气输气管道铺设完成经验收合格后，钢筋混凝土保护涵内采用砂料填充并封闭。

（4）该天然气输气管道距高速铁路两最外侧线路中心线外侧各 50.00 m 范围内的管道壁厚提高两个级别，在该范围内不应有法兰、阀门等管道部件。

（5）该天然气输气管道与铁路并行时，距邻近铁路线路中心线净距须大于 60.00 m，并应设置必要的排流措施。

（6）明确是否原则同意或是否需要优化下穿铁路处铁路工务、通信、电力等设备设施过渡设计。地方拆迁由该工程项目建设单位负责。

（7）该天然气输气管道下穿铁路工程项目设计单位、建设单位等须确保该工程项目的管道强度、材料质量、施工质量等均要满足《中华人民共和国消防法》（中华人民共和国主席令 第 6 号）、《中华人民共和国特种设备安全法》（中华人民共和国主席令 第 4 号）、《中华人民共和国石油天然气管道保护法》（中华人民共和国主席令 第 30 号）、《输气管道工程设计规范》(GB 50251)、《铁路工程设计防火规范》(TB 10063—2016)等有关法律、规范、规定等要求，须确保穿越铁路处及附近处管道和部件的安全性、可靠性、耐久性。该天然气输气管道投入运用后，建设单位等须及时做好管道完整性管理，须确保及时、细致、全面、正确做好日常检查、检验、监测、监管工作，杜绝穿越铁路处及附近处管道和部件泄漏等风险，消除各类事故隐患，以确保高速铁路运营绝对安全和持续安全。

(8)建设单位等须加强该天然气输气管道涉及铁路部分管道建设、验收、使用的质量安全管理，须定期组织隐患排查，对发现的隐患，组织相关单位及时进行修理改造；须定期对管道进行检测、维修，制定并落实定期检验计划，委托具有相应资质的检验机构开展管道的定期检验和风险评估，确保其始终处于良好状态；须对管道穿越铁路处及附近处及时进行重点检测，根据需要设置管道泄漏自动检测系统，消除管道泄漏风险和事故隐患。

(9)涉及建筑工程消防的该天然气输气管道下穿铁路工程设计内容，须按照国家现行法律法规、规范、技术标准执行。该天然气输气管道下穿铁路工程消防设计文件须报送公安机关消防机构审核。该天然气输气管道下穿铁路工程竣工后，须向公安机关消防机构申报消防验收，验收合格后方可使用。

(10)当该天然气输气管道投入运用后，对铁路行车存在安全隐患时，建设单位必须及时更新、改造或停止使用，并及时采取有效措施消除该天然气输气管道的使用功能。

(11)为确保铁路运输安全，该天然气输气管道保护涵下穿铁路工程须依法组织建设，施工、监理须由具有相应铁路资质的单位承担。

(12)该工程项目建设单位就租用铁路土地使用权等相关问题须与铁路土地使用权所属单位依法签订相关协议，办理相关手续。

(13)在任何情况下,因该天然气输气管道设备设施及运用等影响铁路新建、改扩建、大修、维修等时,产权单位须无条件对以上设备设施进行及时拆迁和及时配合。

(14)在确保铁路运输安全的原则下,施工单位须科学合理编制施工组织、安全措施,报铁路局审批,并与铁路局相关设备管理单位签订施工安全配合协议并认真执行,取得施工许可后再行按规施工。

(15)该天然气输气管道下穿铁路工程的设计、建设、运用必须认真执行有关法律、规范、规定,该天然气输气管道下穿铁路工程项目建设单位必须对该天然气输气管道下穿铁路工程的设计安全、施工安全等相关安全切实全面、全过程负责,该天然气输气管道下穿铁路工程产权单位必须对该天然气输气管道下穿铁路工程的使用安全等相关安全切实全面、全过程负责。铁路局审查只对该工程必须确保铁路运输绝对安全、必须满足铁路现在运营需要和将来发展需要、必须符合铁路有关规定下同意在上述处下穿铁路提出明确要求,该天然气输气管道下穿铁路工程项目建设单位、产权单位必须确保认真执行以上等有关要求。在该天然气输气管道下穿铁路工程建成后,因该工程设备设施及运用等原因造成的事故和损失由产权单位负责和承担;竣工后,产权单位必须及时向铁路局相关部门和单位交付下穿处的竣工资料及有关单位联系方式,以利于事故时及时联系和抢修,减少事故造成的损失和铁路运维管理等。

(16)其他事宜按铁路有关规定办理。

2. 输水管道下穿高速铁路桥梁工程施工图设计审查要求具体做法。

(1)在满足铁路长远发展需要、确保铁路运输安全、满足铁路运输条件要求的原则下,原则同意××输水管道在××高速铁路K×××+×××.××处铁路桥梁下采用×孔(如:1孔等)×.×××.××m等(如:3.00×2.00 m、内径*D*2.20 m等)钢筋混凝土保护涵直线正交下穿高速铁路桥梁,保护涵厚度为××.×× cm,保护涵外缘距高速铁路桥梁承台边缘最小距离×.××m，明确采用何种方式（如：现浇、顶进等）施工。

（2）该输水管道保护涵的建设不得恶化既有铁路排水等条件，明确是否需要完善施工期间排水措施。

（3）明确是否原则同意或是否需要优化下穿铁路处铁路工务、通信、电力等设备设施过渡设计。地方拆迁由该工程项目建设单位负责。

（4）为确保铁路运输安全，该输水管道保护涵下穿铁路工程须依法组织建设，施工、监理须由具有相应铁路资质的单位承担。

（5）该工程项目建设单位就租用铁路土地使用权等相关问题须与铁路土地使用权所属单位依法签订相关协议，办理相关手续。

（6）在任何情况下，因该管道设备设施及运用等影响铁路新建、改扩建、大修、维修等时，产权单位须无条件对以上设备设施进行及时拆迁和及时配合。

（7）在确保铁路运输安全的原则下，施工单位须科学合理编制施工组织、安全措施，报铁路局审批，并与铁路局相关设备管理单位签订施工安全配合协议并认真执行，取得施工许可后再行按规施工。

（8）该工程项目建设单位必须对该工程的设计安全、施工安全等相关安全切实全面、全过程负责，该工程产权单位必须对该工程的使用安全等相关安全切实全面、全过程负责。铁路局审查只对该工程必须确保铁路运输绝对安全、必须满足铁路现在运营需要和将来发展需要、必须符合铁路有关规定下同意在上述处下穿铁路提出明确要求，该工程项目建设单位、产权单位必须确保认真执行以上等有关要求。在该工程建成后，因该工程设备设施及运用等原因造成的事故和损失由产权单位负责和承担；竣工后，产权单位必须及时向铁路局相关部门和单位交付下穿处的竣工资料及有关单位联系方式，以利于事故时及时联系和抢修，减少事故造成的损失和铁路运维管理等。

(9)其他事宜按铁路有关规定办理。

3. 电力保护涵下穿高速铁路桥梁工程施工图设计审查要求具体做法。

(1)在满足铁路长远发展需要、确保铁路运输安全、满足铁路运输条件要求的原则下,原则同意××电力保护涵在××高速铁路K×××+×××.××处铁路桥梁下采用×孔(如:1孔等)×.××××.×× m等(如:3.00×2.00 m、内径D2.20 m等)钢筋混凝土保护涵直线正交下穿高速铁路桥梁,保护涵厚度为××.×× cm,保护涵外缘距高速铁路桥梁承台边缘最小距离×.×× m,明确采用何种方式(如:现浇、顶进等)施工。

(2)明确是否原则同意或是否需要优化下穿铁路处铁路工务、通信、电力等设备设施过渡设计。地方拆迁由该工程项目建设单位负责。

(3)为确保铁路运输安全,该电力保护涵下穿铁路工程须依法组织建设,施工、监理须由具有相应铁路资质的单位承担。

(4)该工程项目建设单位就租用铁路土地使用权等相关问题须与铁路土地使用权所属单位依法签订相关协议,办理相关手续。

(5)在任何情况下,因该电力保护涵设备设施及运用等影响铁路新建、改扩建、大修、维修等时,产权单位须无条件对以上设备设施进行及时拆迁和及时配合。

(6)在确保铁路运输安全的原则下,施工单位须科学合理编制施工组织、安全措施,报铁路局审批,并与铁路局相关设备管理单位签订施工安全配合协议并认真执行,取得施工许可后再行按规施工。

(7)该工程项目建设单位必须对该工程的设计安全、施工安全等相关安全切实全面、全过程负责,该工程产权单位必须对该工程的使用安全等相关安全切实全面、全过程负责。铁路局审查只对该工程必须确保铁路运输绝对安全、必须满足铁路现在运营需要和将来发展需要、必须符合铁路有关规定下同意在上述处下穿铁路提出明确要求，该工程项目建设单位、产权单位必须确保认真执行以上等有关要求。在该工程建成后，因该工程设备设施及运用等原因造成的事故和损失由产权单位负责和承担；竣工后，产权单位必须及时向铁路局相关部门和单位交付下穿处的竣工资料及有关单位联系方式，以利于事故时及时联系和抢修，减少事故造成的损失和铁路运维管理等。

(8) 其他事宜按铁路有关规定办理。

4. 其他管线保护涵下穿高速铁路桥梁工程施工图设计审查要求具体做法。

(1) 在满足铁路长远发展需要、确保铁路运输安全、满足铁路运输条件要求的原则下，原则同意 ×× 管线保护涵在 ×× 高速铁路 K××× + ×××.×× 处铁路桥梁下采用 × 孔(如:1 孔等) ×.××××.×× m 等(如:3.00 × 2.00 m、内径 D2.20 m 等)钢筋混凝土保护涵直线正交下穿高速铁路桥梁，保护涵厚度为 ××.×× cm，保护涵外缘距高速铁路桥梁承台边缘最小距离 ×.×× m，明确采用何种方式(如:现浇、顶进等)施工。

(2) 该管线保护涵的建设不得恶化既有铁路排水等条件，明确是否需要完善施工期间排水措施。

(3) 明确是否原则同意或是否需要优化下穿铁路处铁路工务、通信、电力等设备设施过渡设计。地方拆迁由该工程项目建设单位负责。

(4) 为确保铁路运输安全，该管线保护涵下穿铁路工程须依法组织建设，施工、监理须由具有相应铁路资质的单位承担。

(5) 该工程项目建设单位就租用铁路土地使用权等相关问题须与铁路土地使用权所属单位依法签订相关协议，办理相关手续。

(6) 在任何情况下，因该管线保护涵设备设施及运用等影响铁路新建、改扩建、大修、维修等时，产权单位须无条件对以上设备设施进行及时拆迁和及时配合。

(7)在确保铁路运输安全的原则下,施工单位须科学合理编制施工组织、安全措施,报铁路局审批,并与铁路局相关设备管理单位签订施工安全配合协议并认真执行,取得施工许可后再行按规施工。

(8)该工程项目建设单位必须对该工程的设计安全、施工安全等相关安全切实全面、全过程负责,该工程产权单位必须对该工程的使用安全等相关安全切实全面、全过程负责。铁路局审查只对该工程必须确保铁路运输绝对安全、必须满足铁路现在运营需要和将来发展需要、必须符合铁路有关规定下同意在上述处下穿铁路提出明确要求,该工程项目建设单位、产权单位必须确保认真执行以上等有关要求。在该工程建成后,因该工程设备设施及运用等原因造成的事故和损失由产权单位负责和承担;竣工后,产权单位必须及时向铁路局相关部门和单位交付下穿处的竣工资料及有关单位联系方式,以利于事故时及时联系和抢修,减少事故造成的损失和铁路运维管理等。

(9)其他事宜按铁路有关规定办理。

5. 明挖箱涵下穿高速铁路桥梁工程审查要求具体做法。

(1)关于明挖箱涵下穿高速铁路桥梁工程可行性研究报告审查要求具体做法。

1)在满足铁路长远发展需要、确保铁路运输安全、满足铁路运输条件要求的原则下,原则同意××工程箱涵在××高速铁路K×××+×××.××处铁路桥梁下采用明挖方式直线正交下穿高速铁路桥梁,箱涵外缘距高速铁路桥梁承台边缘最小距离×.×× m。

2)下穿铁路桥梁箱涵的支护结构须采用钻孔桩。支护桩边缘与铁路桥墩承台边缘之间净距须大于3.00 m。支护桩桩顶须设置冠梁,两排支护桩之间须设置现浇混凝土横撑,冠梁与横撑须相连为一整体。支护桩施工不得影响铁路桥梁安全,施工时须采取全程护筒跟进、跳桩施工等措施。支护桩须保证具有足够强度以达到支护效果。箱涵底须提前进行基础加固处理。

3)明确施工期间是否需要铁路慢行(如:施工期间铁路限速 45 km/h)。

4)明确是否原则同意或是否需要优化下穿铁路处铁路工务、通信、电力等设备设施过渡设计。地方拆迁由该工程项目建设单位负责。

5)科学布置监测点,采用全自动监测系统对变形进行连续监测。铁路工务单位须成立工作专班配合至施工结束 3 个月后并且变形收敛时止,并注意做好该工程使用中长期监测。

6)为确保铁路运输安全,该明挖箱涵下穿铁路工程须依法组织建设,施工、监理须由具有相应铁路资质的单位承担。

7)该工程项目建设单位就租用铁路土地使用权等相关问题须与铁路土地使用权所属单位依法签订相关协议,办理相关手续。

8)请设计单位按以上意见修改、完善设计文件。

9)该工程项目建设单位必须对该工程的设计安全、施工安全等相关安全切实全面、全过程负责,该工程产权单位必须对该工程的使用安全等相关安全切实全面、全过程负责。铁路局审查只对该工程必须确保铁路运输绝对安全、必须满足铁路现在运营需要和将来发展需要、必须符合铁路有关规定下同意在上述处下穿铁路提出明确要求,该工程项目建设单位、产权单位必须确保认真执行以上等有关要求。在该工程建成后,因该工程设备设施及运用等原因造成的事故和损失由产权单位负责和承担;竣工后,产权单位必须及时向铁路局相关部门和单位交付下穿处的竣工资料及有关单位联系方式,以利于事故时及时联系和抢修,减少事故造成的损失和铁路运维管理等。

10)其他事宜按铁路有关规定办理。

(2)关于明挖箱涵下穿高速铁路桥梁工程施工图设计审查要求具体做法。

1）在满足铁路长远发展需要、确保铁路运输安全、满足铁路运输条件要求的原则下，原则同意××工程箱涵在××高速铁路K×××+×××.××处铁路桥梁下采用明挖方式直线正交下穿高速铁路桥梁，箱涵外缘距高速铁路桥梁承台边缘最小距离×.×× m。

2）下穿铁路桥梁箱涵的支护结构须采用钻孔桩（如：ϕ1.00 m）。支护桩设置范围为箱涵长度，支护桩边缘与铁路桥墩承台边缘之间净距须大于3.00 m，支护桩桩端须达到箱涵底以下8.00 m位置或进入良好持力层，密集紧挨在一起的支护桩形成支护墙。支护桩桩顶须设置冠梁，两排支护桩之间须设置现浇混凝土横撑，冠梁与横撑须相连为一整体。支护桩施工不得影响铁路桥梁安全，施工时须采取全程护筒跟进、跳桩施工等措施。支护桩须保证具有足够强度以达到支护效果。箱涵底须提前注浆进行基础加固处理。

3）明确施工期间是否需要铁路慢行（如：施工期间铁路限速45 km/h）。

4）明确是否原则同意或是否需要优化下穿铁路处铁路工务、通信、电力等设备设施过渡设计。地方拆迁由该工程项目建设单位负责。

5）科学布置监测点，采用全自动监测系统对变形进行连续监测。铁路工务单位须成立工作专班配合至施工结束3个月后并且变形收敛时止，并注意做好该工程使用中长期监测。

6）为确保铁路运输安全，该明挖箱涵下穿铁路工程须依法组织建设，施工、监理须由具有相应铁路资质的单位承担。

7）该工程项目建设单位就租用铁路土地使用权等相关问题须与铁路土地使用权所属单位依法签订相关协议，办理相关手续。

8）在确保铁路运输安全的原则下，施工单位须科学合理编制施工组织、安全措施，报铁路局审批，并与铁路局相关设备管理单位签订施工安全配合协议并认真执行，取得施工许可后再行按规施工。

9）请设计单位按以上意见修改、完善施工设计文件。

10）该工程项目建设单位必须对该工程的设计安全、施工安全等相关安全切实全面、全过程负责，该工程产权单位必须对该工程的使用安全等相关安全切实全面、全过程负责。铁路局审查只对该工程必须确保铁路运输绝对安全、必须满足铁路现在运营需要和将来发展需要、必须符合铁路有关规定下同意在上述处下穿铁路提出明确要求，该工程项目建设单位、产权单位必须确保认真执行以上等有关要求。在该工程建成后，因该工程设备设施及运用等原因造成的事故和损失由产权单位负责和承担；竣工后，产权单位必须及时向铁路局相关部门和单位交付下穿处的竣工资料及有关单位联系方式，以利于事故时及时联系和抢修，减少事故造成的损失和铁路运维管理等。

11）其他事宜按铁路有关规定办理。

第 3 章　隧道穿跨高速铁路工程

隧道穿跨高速铁路,尤以地铁隧道下穿高速铁路较为常见,此外,还有油气输送管道等隧道穿跨高速铁路。无论何种用途隧道穿跨高速铁路,都会对高速铁路安全运营和正常运营产生不利影响,如何趋利避害,既实现高速铁路安全运营和正常运营,又满足地方经济社会发展需要,是隧道工程设计、施工、使用、维护、监管等工作环节必须面对的现实和必须解决的问题。

3.1　隧道穿跨高速铁路工程的有关规定

以下隧道穿跨高速铁路包括隧道穿跨高速铁路又同时穿跨普速铁路等情况。以下沉降、位移限值均为铁路建设工程自身工后沉降、位移值和穿跨铁路工程等外部因素引起的沉降、位移值的总和限值。

3.1.1　《油气输送管道穿越工程设计规范》(GB 50423—2013)中的有关规定

1. 油气输送管道山岭隧道与铁路隧道交叉时,竖向净间距不宜小于 30 m。

说明:经验证明,油气输送管道山岭隧道与铁路隧道交叉时,两倍隧道洞径的竖向净间距完全可以保证隧道的稳定性,采用 30 m 竖向净间距是较为安全的。

2. 油气输送管道隧道施工时,应进行围岩及衬砌结构变形检测和施工环境监测。

说明:为保证施工人员、隧道结构和相关建(构)筑物安全,油气输送管道隧道施工应进行相关监测,监测范围包括隧道结构和洞内外施工环境，对突发变形等异常情况应启动应急响应方案。隧道结构监控量测内容应包括围岩及隧道结构沉降量测，必要时，还应进行衬砌应力等量测；隧道环境监控量测应包括地表沉降观测、邻近建（构）筑物变形量测和地下管线变形量测等，应根据结构状况、重要程度、影响大小等对邻近建（构）筑物等有选择地进行。

3. 油气输送管道隧道采用盾构法设计、施工时，管片壁后注浆应根据工程地质条件、地表沉降状态、环境要求及设备情况选择注浆方式及注浆参数，每环管片的注浆量可按下式计算：

$$Q = \pi \cdot D \cdot B \cdot t \cdot k$$

式中　Q——每环注浆量（m^3）；

D——盾构管片外径（m）；

B——盾构管片长度（m）；

t——设备外径与盾构管片外径的差值，无设备外径值时可取 0.10 m；

k——填充系数，可取1.5～2.5，根据掘进地层情况确定。

说明：油气输送管道隧道采用盾构法设计、施工时，管片壁后注浆包括同步注浆、及时注浆及二次补强注浆等，同步注浆和及时注浆应与盾构掘进同步进行；根据隧道稳定状态和环境保护要求，可进行二次补强注浆，注浆量与速度应根据环境条件和沉降监测结果等确定；注浆材料应满足强度、流动性、稳定性、可填充性、凝结时间、收缩率、环保等要求。

4. 油气输送管道隧道采用盾构法设计、施工时，盾构机选型应根据工程地质、水文地质条件，经工程经济、技术比选后确定，水域穿越宜优先采用泥水平衡式盾构机。

说明：盾构隧道施工多采用土压平衡式盾构机和泥水平衡式盾构机，根据具体地质、水文条件确定，盾构机选型可参考表3-1。

表 3-1　盾构隧道盾构机选型表

地质条件			土压平衡式				泥水平衡式	
			土压		泥土压			
地质分类	土质	N 值	适用性	问题	适用性	问题	适用性	问题
冲积黏土层	腐殖土	0	X		△	地基变形	△	地基变形
	淤泥黏土	0～2	○		○		○	
	砂质淤泥及砂质黏土	0～5	○		○		○	
		5～10	○		○		○	
洪积黏土	黏土	10～20	△	土砂堵塞	○		○	
	砂质黏土	15～25	△	土砂堵塞	○		○	
		25 以上	△	土砂堵塞	○		○	
软岩	硬黏土及泥岩	50 以上	△	土砂堵塞	△	刀具磨损	△	刀具磨损
砂质土	淤泥黏土混砂	10～15	○		○		○	
	松散砂土	10～30	△	细颗粒含量	○		○	
	密实砂土	30 以上	△	细颗粒含量	○		○	
砾砂及卵石	松散砾砂	10～40	△	细颗粒含量	○		○	
	团结砾砂	40 以上	△	地下水压力	○		○	
	混有卵石砾砂	—	△	刀具磨损	○		△	刀具磨损；输浆管堵塞

注：X—原则上不适用的土质条件；

△—应用时要研究辅助工法及辅助机构等；

○—原则上适用的土质条件。

3.1.2 《油气输送管道与铁路交汇工程技术及管理规定》（国能油气〔2015〕392 号）中的有关规定

1. 油气输送管道除采用隧道结构以外，不宜在铁路隧道下方穿越。

说明：油气输送管道宜在铁路隧道上方跨越，可在铁路隧道下方采用隧道结构方式穿越。

2. 油气输送管道隧道与铁路隧道交叉时，两隧道垂直净距不应小于30 m，且满足不小于3 ~4 倍铁路隧道开挖洞径要求；两隧道净距小于50 m地段，后建隧道的衬砌结构应加强。

3.1.3 《铁路桥涵设计规范》(TB 10002—2017)中的有关规定

1. 有砟轨道静定结构桥梁墩台基础工后沉降限值见表3-2。

表3-2　有砟轨道静定结构桥梁墩台基础工后沉降限值表

设计速度	沉降类型	限值(mm)
250 km/h 及以上	墩台均匀沉降	30
	相邻墩台沉降差	15
200 km/h	墩台均匀沉降	50
	相邻墩台沉降差	20
160 km/h 及以下	墩台均匀沉降	80
	相邻墩台沉降差	40

2. 无砟轨道静定结构桥梁墩台基础工后沉降限值见表3-3。

表3-3　无砟轨道静定结构桥梁墩台基础工后沉降限值表

设计速度	沉降类型	限值(mm)
250 km/h 及以上	墩台均匀沉降	20
	相邻墩台沉降差	5
200 km/h 及以下	墩台均匀沉降	20
	相邻墩台沉降差	10

说明：

(1)对于超静定结构桥梁，还需检算桥梁墩台不均匀沉降对结构产生的附加应力。

(2)为确保高速铁路安全运营和正常运营，高速铁路桥梁墩台顶位移限值应满足表3-4的要求。

表 3-4　高速铁路桥梁墩台顶位移限值表

墩顶位移 轨道类型	横桥向水平位移（mm）	顺桥向水平位移（mm）	垂向位移（mm）
有砟轨道	3	3	3
无砟轨道	2 （宜 <1）	2 （宜 <1）	2 （宜 <1）

注：考虑到无砟轨道桥梁墩台顶位移危害性大，无砟轨道桥梁墩台顶位移宜控制在 1 mm 以下。

3.1.4　《高速铁路无砟轨道线路维修规则（试行）》（TG/GW 115—2012）、《高速铁路有砟轨道线路维修规则（试行）》（TG/GW 116—2013）中的有关规定

1. 高速铁路轨道静态几何尺寸容许偏差（经常保养）管理值见表 3-5。

表 3-5　高速铁路轨道静态几何尺寸容许偏差（经常保养）管理值表

轨道类型	无砟轨道		有砟轨道	
设计速度	200 km/h ~ 250 km/h 线路	250 km/h（不含）~ 350 km/h 线路	200 km/h ~ 250 km/h 线路	250 km/h（不含）~ 300 km/h 线路
轨距（mm）	$^{+4}_{-2}$	$^{+4}_{-2}$	$^{+4}_{-2}$	$^{+4}_{-2}$
水平（mm）	5	4	5	4
高低（mm）	5	4	5	4
轨向（直线）（mm）	4	4	4	4
扭曲（mm/3 m）	4	3	4	3
轨距变化率	1/1 000	1/1 000	1/1 000	1/1 000

注：（1）高低和轨向偏差为 10 m 及以下弦测量的最大矢度值；
（2）扭曲偏差不含曲线超高顺坡造成的扭曲量。

2. 200 km/h ~ 250 km/h 道岔静态几何尺寸容许偏差（经常保养）管理值见表 3-6。

表 3-6　200 km/h ~ 250 km/h 道岔静态几何尺寸容许偏差(经常保养)管理值表

轨道类型		无砟轨道	有砟轨道
设计速度		200 km/h ~ 250 km/h 线路	200 km/h ~ 250 km/h 线路
轨距(mm)		$^{+4}_{-2}$	$^{+4}_{-2}$
水平(mm)		5	5
高低(mm)		5	5
轨向(直线)(mm)	直股	4	4
	支距	3	3
扭曲(mm/3 m)		4	4
轨距变化率		1/1 000	1/1 000

注:(1)支距偏差为实际支距与计算支距之差,导曲线支距测量应从尖轨根端开始直至道岔导曲线结束;

(2)导曲线下股高于上股的限值:12 号道岔经常保养管理值为 3 mm,18 号及以上道岔经常保养管理值为 2 mm;

(3)有砟轨道道岔轨距偏差不含构造轨距加宽量。

3. 250 km/h(不含) ~ 350 km/h 道岔静态几何尺寸容许偏差(经常保养)管理值见表 3-7。

表 3-7　250 km/h(不含) ~ 350 km/h 道岔静态几何尺寸容许偏差(经常保养)管理值表

轨道类型		无砟轨道	有砟轨道
设计速度		250 km/h(不含) ~ 350 km/h 线路	250 km/h(不含) ~ 300 km/h 线路
轨距(mm)	岔区	$^{+4}_{-2}$	$^{+4}_{-2}$
	尖轨尖	$^{+2}_{-2}$	$^{+2}_{-2}$
水平(mm)		4	4
高低(mm)		4	4
轨向(直线)(mm)	直股	4	4
	支距	3	3
扭曲(mm/3 m)		3	3
轨距变化率		1/1 000	1/1 000

注:(1)支距偏差为实际支距与计算支距之差;

(2)导曲线下股高于上股的限值:18 号及以上道岔经常保养管理值为 2 mm;

(3)有砟轨道道岔轨距偏差不含构造轨距加宽量。

3.1.5 普速铁路《铁路线路维修规则》(铁运〔2006〕146)中的有关规定

1. 普速铁路线路轨道静态几何尺寸容许偏差(经常保养)管理值见表3-8。

表3-8 普速铁路线路轨道静态几何尺寸容许偏差(经常保养)管理值表

项目		$v_{max}>160$ km/h 正线	120 km/h $<v_{max}\leq$ 160 km/h 正线	$v_{max}\leq120$ km/h 正线及到发线	其他站线
轨距(mm)		${}^{+4}_{-2}$	${}^{+6}_{-4}$	${}^{+7}_{-4}$	${}^{+9}_{-4}$
水平(mm)		5	6	6	8
高低(mm)		5	6	6	8
轨向(直线)(mm)		4	6	6	8
三角坑(扭曲)(mm)	缓和曲线	4	5	5	7
	直线和圆曲线	4	6	6	8

注:(1)轨距偏差不含曲线上按规定设置的轨距加宽值,但最大轨距(含加宽值和偏差)不得超过1 456 mm;

(2)轨向偏差和高低偏差为10 m弦测量的最大矢度值;

(3)三角坑偏差不含曲线超高顺坡造成的扭曲量,检查三角坑时基长为6.25 m,但在延长18 m的距离内无超过表列的三角坑;

(4)专用线按其他站线办理。

2. 普速铁路道岔轨道静态几何尺寸容许偏差(经常保养)管理值见表3-9。

表3-9 普速铁路道岔轨道静态几何尺寸容许偏差(经常保养)管理值表

项目		$v_{max}>160$ km/h 正线	120 km/h $<v_{max}\leq$ 160 km/h 正线	$v_{max}\leq120$ km/h 正线及到发线	其他站线
轨距(mm)		${}^{+4}_{-2}$	${}^{+4}_{-2}$	${}^{+5}_{-3}$	${}^{+5}_{-3}$
水平(mm)		5	5	6	8
高低(mm)		5	5	6	8
轨向(mm)	直线	4	5	6	8
	支距	3	3	3	3
三角坑(扭曲)(mm)		4	6	6	8

注:(1)支距偏差为现场支距与计算支距之差;

(2)导曲线下股高于上股的限值:经常保养管理值为2 mm;

(3)三角坑偏差不含曲线超高顺坡造成的扭曲量,检查三角坑时基长为6.25 m,但在延长18 m的距离内无超过表列的三角坑;

(4)专用线道岔按其他站线道岔办理。

3.1.6 《高速铁路接触网运行维修规则》（铁总运〔2015〕362 号）中的有关规定

高速铁路接触网偏差限值见表 3-10。

表 3-10　高速铁路接触网偏差限值表

偏差类型	限　　值
两相邻吊弦点接触线高差	10 mm
接触网支柱顺、横线路方向倾斜偏差	0. 5%

3.1.7 《普速铁路接触网运行维修规则》（铁总运〔2017〕9 号）中的有关规定

普速铁路接触网偏差限值见表 3-11。

表 3-11　普速铁路接触网偏差限值表

偏差类型	限　　值
两相邻吊弦点接触线高差	10 mm
接触网支柱顺、横线路方向倾斜偏差	0. 5%
其中 1：接触网软横跨支柱高度 13 m 的顺、横线路方向倾斜偏差	0. 5% ~ 1. 0%
其中 2：接触网软横跨支柱高度 15 m 及以上的顺、横线路方向倾斜偏差	1. 0% ~ 2. 0%

3.1.8 《普速铁路信号维护规则》（铁总运〔2015〕238 号）中的有关规定

普速铁路信号设备偏差限值见表 3-12。

表 3-12　普速铁路信号设备偏差限值表

偏差类型	限　　值
信号设备基础倾斜限度（300 mm 水平尺测量）	$h<10$ mm
高柱信号机机柱倾斜限度（距轨面 4 500 mm 处向下垂线测量）	$d\leqslant 36$ mm

3.1.9 《铁路通信维护规则》(铁总运〔2014〕295号)中的有关规定

铁塔基础沉降变形允许值见表3-13。

表3-13 铁塔基础沉降变形允许值表

铁塔高度 H(m)	沉降量允许值(mm)	倾斜允许值 $\tan\theta$	相邻基础间沉降差允许值 Δ
$H \leqslant 20$	400	≤0.008	$0.005 \times L$
$20 < H \leqslant 50$	400	≤0.006	
$50 < H \leqslant 100$	400	≤0.005	

注:$\tan\theta = (S_1 - S_2)/b$,$\Delta = S_1 - S_2$。其中:$S_1$、$S_2$—基础倾斜方向两边缘的最终沉降量(mm);$b$—基础倾斜方向两边缘的距离(mm);$L$—相邻基础中心间的距离(mm)。

3.2 隧道穿跨高速铁路工程方案、设计等工作流程

1. 当隧道多处穿跨高速铁路(含普速铁路,下同)时,隧道建设单位应会同设计单位对隧道穿跨高速铁路工程各处方案及时与铁路管理部门进行整体沟通和尽早沟通,以避免产生具体工程推进时某些处所可行、某些处所不可行的问题,实现隧道下穿高速铁路有关工程处处可行、系统最优。

2. 对隧道穿跨高速铁路工程各处方案,在处处可行、系统最优的情况下,具体研究并追求隧道穿跨高速铁路工程具体处所方案、设计科学合理。

3. 必要时,须对隧道穿跨高速铁路工程可行性研究报告、设计由具有国家资质的第三方单位进行安全评估,并出具安全评估报告;在铁路局各有关专业部门对隧道穿跨高速铁路工程可行性研究报告、设计安全评估报告的安全可靠性进行专业确认后,铁路局对隧道穿跨高速铁路工程可行性研究报告、设计再行进行审查,并出具可行性研究报告、设计审查意见。

4. 做好过程控制和过程发展工作。在隧道穿跨高速铁路工程设计、施工等过程中，有关各方应做到及时全面掌握情况，及时进行相互沟通，及时研究解决问题，真正做到过程控制；并应注意总结经验和加以运用，不断实现实践发展理论、理论指导实践的螺旋上升发展。

3.3　隧道下穿高速铁路工程有关规范（标准、规定）、规律的理解、掌握、运用

1. 隧道下穿铁路有关工程设计应本着又平又直的原则进行，应水平直线正交，尽量避免以曲线、斜线形式下穿铁路。其一，隧道线路曲线造成的隧道超挖将引起明显的地表沉降以及隧道周围土体的水平位移。其二，在曲线地段或变坡点的隧道施工时，由于结构转换（暗挖法）或盾构机姿态调整（盾构法），极易导致周边土体变形增加及成型隧道结构质量难以保证的问题，工程实践结果已经表明，盾构在曲线地段施工时地表的最大沉降量明显大于直线地段施工时地表的最大沉降量，且曲线半径越小，该规律越明显；同时，由于曲线地段盾构隧道成型质量较差易导致曲线地段管片螺栓孔、纵缝、环缝的渗漏水问题，在曲线地段管片的漏水点明显多于直线地段管片的漏水点。其三，在曲线地段或变坡点的隧道结构使用期存在车辆运行条件较差，容易加大动力冲击作用及对结构的损伤，特别是地铁隧道的曲线地段轨道伤损、结构病害比直线地段更为严重，导致车辆-轨道接触状态差于直线地段，长期使用期与铁路相互影响加剧。其四，采用斜线形式下穿铁路较采用水平直线正交形式下穿铁路，对铁路的影响范围要大、影响情况也要复杂。因此，为减小隧道下穿铁路施工及隧道长期使用期对铁路等不良影响和安全风险，隧道平面应采用直线或较大半径曲线与铁路正交，慎用小半径曲线；竖曲线尽量不与平面圆曲线重叠设置，下穿点不应位于竖曲线的大坡度、变坡点位置处，应与

铁路水平正交。当隧道确需采用曲线形式下穿铁路时，须检算曲线超挖额外造成的沉降量，并须采取相应可靠的工程措施。

2. 由于隧道埋深越浅，盾构掘进对地面及铁路沉降影响越大；两个隧道水平间距越小，左右线隧道中间沉降叠加越大。因此，对隧道下穿既有铁路施工引起的地表和轨面沉降情况进行分析时，应选取隧道埋深最浅处、隧道水平间距最小处典型断面进行分析。

3. 隧道盾构施工带来的地层损失、应力释放、盾尾脱空等会造成地层发生位移和变形，从而产生地面沉降和水平位移；若盾构掘进压力过大或注浆压力过大，则会造成地面隆起。地面的沉降均会导致铁路路基以及轨道变形等，进而影响铁路行车安全。

4. 所有的地下结构开挖都会引起地层位移，这是不可避免的。盾构隧道施工过程中，由于隧道断面实际开挖量超过隧道断面理论开挖量，隧道周围土体向隧道内产生应力释放过程，进而产生地面沉降。额外开挖量即地层损失与土层类别、掘进方法、掘进速度、隧道直径、支护结构、同步注浆等有关，根据国内经验，一般盾构掘进时地层损失可控制在 0.5% ~ 1.0%，表 3-14 为不同地层损失情况下盾构隧道左、右线下穿铁路后铁路线路沉降经验值。

表 3-14　不同地层损失下盾构隧道下穿铁路后铁路线路沉降经验值表

地层损失	铁路线路沉降经验值（mm）	
	第一条隧道穿越	第二条隧道穿越
0.5%	5.1	7.5
0.6%	6.1	8.9
0.7%	7.2	10.5
0.8%	8.2	12.0
0.9%	9.2	13.5
1.0%	10.2	15.0

但通过改进工艺工法、解决实际问题、提高施工精度等，完全可以达到地表沉降量控制在1 mm范围内，理论上接近于"零沉降"的水平。例如，长株潭城际铁路采用直径9.33 m的盾构机掘进的大直径铁路盾构隧道（树木岭隧道）先后10次下穿京广铁路，经2014年的半年检测，就成功地将地表沉降量控制在1 mm范围内，地表沉降量理论上接近于"零沉降"的水平，使大直径土压平衡式盾构施工水平达到了一个新的高度。

5. 根据铁路路基基底的位移变化曲线可知，随着盾构开挖面逐渐靠近铁路路基，路基基底沉降逐渐增大，当盾构隧道在铁路路基正下方开挖时，沉降变化最大，影响最明显，随着盾构开挖面逐渐远离铁路路基，路基基底沉降的增大量逐渐减小，并趋向于零，施工开挖对铁路路基的影响逐渐消失。

6. 盾构隧道下穿铁路桥梁施工会不可避免扰动土体，引起周围地层变形和位移，致使邻近的铁路桥桩基和周围土体发生相互作用，引起桥梁桩基的变形和位移，对桥梁桩基等产生不利影响。当采用近距离（小于1D，D为盾构隧道直径，下同）穿越桥梁桩基方案时，应采用桩端位于隧道中心轴线以下方案，并采取相应可靠的工程防护措施，且须检算盾构穿越产生的桥梁桩基的桩身轴力、桩身弯矩、桩端应力、桩侧摩阻力总量减少率、桩身位移，确保符合有关规定等要求。

7. 盾构隧道下穿铁路施工时，会对铁路的接触网支柱及基础产生不利影响，一般情况下，受影响区域主要在隧道中线附近以及隧道两侧一定范围内，且在隧道中线附近受影响最大，远离隧道影响越小。

8. 根据有关工程实践，盾构隧道下穿铁路纵向范围可分为穿越区和影响区，距钢轨外侧1倍洞径范围内为穿越区，穿越区前30 m、后50 m范围内为影响区；横向影响范围一般为盾构隧道中心轴线两侧10 m ~ 18 m左右，即沉降槽宽度为(3 ~ 5)D左右。盾构机穿越前，应在纵向影响区之外进行复探，以确保地质与设计一致；进行试机，以防止盾构设备出现问题,一些盾构施工造成的地表异常沉降很多与盾构机出现设备问题等有关;进行模拟,以通过模拟掘进一段摸索盾构施工在该土层的掘进参数、注浆参数等,即在盾构施工模拟试验段,根据正面土压力、地表变形监测和地质、水文等情况,优化、制定合理的施工掘进参数等(土舱压力、刀盘转速、掘进速度、注浆压力等),确保下穿铁路区段开挖面的土压力平衡,减少开挖面土体的坍塌、变形以及土层损失。

9. 盾构隧道下穿铁路施工前,应结合穿越点前的施工控制效果,对穿越点前的施工控制参数和控制效果进行充分分析,确定下穿区域控制地层变形及保证隧道结构成型质量的最优施工参数;同时,应优化施工组织,做好下穿过程中物资准备、人员安排、各工种技术交底等工作。

10. 理论计算、工程实践均已表明,一般情况下,隧道埋深越深,地表沉降越小。

11. 地表沉降量与盾构同步注浆量具有非常明显的相关性,根据某地工程实践结果,最优注浆量填充率宜为 250%(即填充系数 k 为 2.5,下同),根据具体情况,可为 300%(即填充系数 k 为 3.0,下同)。盾构施工后及时跟进注浆(二次注浆、二次注浆达到设计强度后沉降变化超过 0.5 mm 时再次深孔注浆)也很重要,可及时防止盾构施工引起的过大沉降。

12. 埋深较浅隧道(至少是隧道洞顶距轨顶面距离小于或等于 12.0 m 隧道,下同)应注重列车动应力对盾构隧道施工和隧道结构的影响,宜在线路两侧一定范围内采取注浆加固、旋喷桩加固等措施,并通过在注浆加固时采取分层注浆、控制旋喷桩加固施工速度等,以减小对铁路的影响,同时,应及时监测情况、及时处理问题。即盾构隧道下穿铁路路基地段埋深较浅时,地表铁路的动应力会传递至隧道结构顶部,造成铁路与隧道相互影响,应参考有关研究结论,进行有关检算,并采取相应可靠的工程措施。

13. 为减小后期沉降,盾构掘进期间应认真做好同步注浆,盾构宜以不超过 2.5 cm/min 的速度保持连续推进。对于埋深较深隧道(至少是距地表埋深大于或等于 20 m 隧道,下同),根据地质等情况,一般段盾构掘进综合进度可为 8 ~10 m/天,铁路段盾构掘进综合进度可为 5 ~7 m/天。

14. 隧道穿越铁路路基前注浆加固,长度宜为距路基边坡坡脚外各 1 倍洞径,宽度宜为隧道结构外两侧各 1 倍洞径,深度宜为隧道结构底板以下 3 m 至隧道结构顶板以上 12 m 范围内等。具体注浆加固的长度、宽度、深度以及是否采取铁路线路两侧隔离桩加固方案等,应结合现场实际情况确定,并宜采用分层注浆加固,注浆参数、注浆压力、注浆速度等应根据铁路线路变形的监测数据等进行实时调整;注浆加固后应检测加固效果,注浆加固体无侧限抗压强度应满足要求。

15. 对施工影响区域内的地层提前进行注浆加固时,注浆参数选取应结合现场试验,满足注浆加固后土体的弹性模量数值条件。

16. 盾构掘进过程中,应控制好注浆压力,避免地表产生过大沉降或隆起。

17. 隧道下穿铁路时,应努力使盾构机土舱压力与地层应力(地层侧压力)保持相等,避免隧道开挖引起的地表沉降。

18. 有关研究表明,在一个桥跨中下穿两个盾构隧道,且近距离穿越既有立交桥桩基、隧道在桩基深度以上情况时:

(1)邻近桩基的挠曲变形(顺隧道方向的挠曲变形和顺桥梁方向的挠曲变形,下同)最大值对应于盾构隧道中心位置。

(2)邻近桩基的挠曲变形和内力随盾构开挖面的靠近而增加,当盾构开挖面通过后且盾尾到达桩基所在横断面时达到最大值,之后逐渐减小至最终稳定。

(3)邻近桩基顺隧道方向的挠曲变形均大于顺桥梁方向的挠曲变形,说明盾构掘进过程中对土体的顺隧道方向的挤压作用大于顺桥梁方向的拉伸作用。

(4)盾构先掘进隧道侧邻近桩基顺隧道方向的挠曲变形和顺桥梁方向的挠曲变形,均小于盾构后掘进隧道侧邻近桩基顺隧道方向的挠曲变形和顺桥梁方向的挠曲变形。

(5)双线盾构隧道近距离穿越既有立交桥桩基时,可使桩基产生相当大的位移和应力,严重影响桩基的安全使用,因桩基内部产生相当大的轴力和弯矩,桩基处于偏心受压状态,应根据计算得到的内力值对桩基进行配筋检算,得到桩基最大内力截面的计算配筋面积,并与该截面的实际配筋面积进行比较,当该截面的实际配筋面积小于该截面的计算配筋面积时,可采取改善土体和易性以及增加刀盘转速、降低推进速度、控制推进力等措施减小盾构掘进过程中对土体的挤压、剪切作用;适当增加盾尾同步注浆压力,以尽量减小盾尾初始空隙,减小盾尾脱空引起的桩基变形;加快浆液凝固速度等调整施工参数等有效、可靠方法,确保桩基安全使用。

(6)应严密监测桥梁墩台角点沉降和水平位移、桩基旁土体内部侧向位移,一旦发现实测位移超过警戒值须立即对桩周土体进行注浆加固。

19. 有关研究表明,根据盾构隧道开挖引起的桩身变形和桩身内力影响大小,既有立交桥桩基桩端位于盾构隧道中心轴线以下方案为最优方案,桩端位于盾构隧道中心轴线以上方案为次优方案,桩端位于盾构隧道中心轴线平齐方案为最差方案。

20. 应采用多种方法,对具体工况下盾构穿越对桩基等影响进行分析,结合分析结果提出相应工程设计措施,确保盾构穿越对桩基结构等影响在安全可控范围内。只有通过两种及其以上方法计算得到的结果具有较好的一致性时,才能说明结果相对可信,也验证了两种及其以上方法的合理性。

21. 盾构隧道穿越既有建筑物的桩基时,盾构施工会产生软土地层土体损失,从而导致隧道附近土体应力场发生重分布,邻近桩基周边法向应力会有不同程度的释放，使桩基的承载能力折减。同时，隧道施工引起隧道周围地层移动，其产生的自由土体位移场使得工作状态的桩基产生附加的弯矩和变形，对桩基的使用安全产生风险。

22. 桩与盾构隧道之间的相互作用是一个复杂的土和土中结构物相互作用的问题，隧道施工对邻近桩基影响实质是一种被动桩问题，被动桩承受盾构隧道穿越导致的周围土体位移和应力释放，而产生附加的桩身位移和内力。国内外关于被动桩的分析方法总体可分为整体分析法、两阶段分析法等。

整体分析法是将桩与周围土体以及引起土体位移的隧道施工视作一个整体，通常采用三维整体有限单元法或有限差分法进行整体数值分析，计算隧道施工荷载引起的土体位移作用下被动桩的力学反应。该方法计算量大、建模复杂、使用专业软件，不易被设计人员接受，真正准确模拟隧道施工的全过程和各个环节是很困难的。

两阶段分析法是将土体位移对被动桩的影响过程分为两个阶段，第一阶段采用经验方法、解析法或有限元法估算无桩时外荷载引起的自由位移场；第二阶段是将第一阶段得到的自由位移场施加于桩身，得到桩基的力学反应。该方法意义明确、计算简单、易被设计人员接受。

随着实践和理论的不断发展，正在并不断会有新的被动桩的分析方法等来源于实践、服务于实践。

23. 两个盾构隧道中间的桩基因两个盾构隧道穿越的叠加影响，产生的最大附加弯矩、最大附加水平位移比其他桩基大；同时，因上部结构垂向荷载作用，桩基还将承受上部结构垂向荷载在附加水平位移情况下产生的弯矩，二者叠加，盾构穿越产生的附加弯矩经计算若超过单桩的抗弯承载力，是不安全的。因此，需在盾构穿越区域采取相应的工程措施（在两个盾构隧道与中间的桩基间设置隔离桩、做好盾构穿越过程中监测和问题及时处理等），有效减少两个盾构隧道施工对中间的桩基附加受力和变形的影响,确保两个盾构隧道穿越中、穿越后中间的桩基和上部结构的安全。

24. 隧道下穿铁路桥梁时,大断面开挖施工对周边土体的扰动更为明显,应优先选用较小断面隧道穿越。当两个或多个隧道在桥梁同跨中穿越时,对桥墩影响为两个或多个隧道开挖卸载的叠加影响,桥墩附近土体变形比单个隧道大,两个或多个隧道施工以及使用期的叠加影响会加剧对桥梁的影响;同时,当两个或多个隧道在桥梁相邻跨中穿越时,中间桥墩由于受到两侧隧道开挖引起的位移反向叠加影响,桥墩顺桥向的位移量会减小(此时对中间桥墩桩基的影响包括两个方面:一方面,桩周土的沉降会使中间桥墩桩基受到负摩阻力的作用,尽管桩周土对中间桥墩桩基的负摩阻力会增加,但中间桥墩桩基会在两侧基本相同的负摩阻力的作用下产生沉降;另一方面,中间桥墩桩基的两侧受到基本相同的土压力作用,中间桥墩桩基会在两侧土很小的压力差的作用下发生很小的顺桥向的位移)。因此,为减少影响,两个或多个隧道应尽量避免在桥梁同跨中穿越,应选择在桥梁相邻跨中穿越。但当单隧道断面面积小于15 m^2时,综合考虑地质、桥跨、与桥墩桩基的距离、采取的防护措施等因素,可采取两个或多个隧道在桥梁同跨中穿越。

25. 当盾构隧道需切割穿越高速铁路加固地基螺旋桩时,相应采取的注浆加固等措施一定要可靠、到位,对高速铁路加固地基螺旋桩、桩间土承载力须科学、正确验算,保证满足高速铁路路基承载力要求,满足高速铁路正常运营需要,坚决确保高速铁路运营绝对安全。

26. 隧道下穿铁路桥梁时,应充分考虑下穿处水文地质、铁路桥墩桩基形式、隧道与桥墩桩基的相互关系等,选择合理的下穿隧道结构形式(隧道结构形式包括矩形、拱形、圆形等)及施工方法(前述隧道结构形式相对应的施工方法分别为明挖法、暗挖法及盾构法等),一般情况下,明挖法、暗挖法的施工方法相对盾构法而言,施工过程对周边环境的影响较大,引起的铁路桥墩桩基变形或对承载力影响较大,因此,下穿铁路桥梁的隧道施工方法应优先选用施工扰动较小的盾构法。同时,盾构隧道管片是拼装结构,后续隧道使用过程中可能出现渗漏水问题,导致铁路桥墩桩基周边土体变形及桩基变形,因此,应加强下穿区域的隧道防水。

27. 隧道工作井、联络通道、泵房通常会采用明挖法或暗挖法施工,当其距离铁路桥墩桩基较近时,其施工过程中引起的土体变形与下穿隧道施工的影响将对铁路桥墩桩基产生叠加效应;同时,工程实践已表明,隧道使用后,位于隧道工作井、联络通道、泵房附近的隧道极易发生差异沉降导致漏水,使该区域的隧道渗漏水较严重,从而对铁路桥梁造成长期影响。综合以上影响因素,隧道下穿高速铁路桥梁时,隧道工作井、联络通道、泵房应布置在高速铁路影响区外,并应对隧道施工期及使用期对铁路桥墩桩基的影响进行评估,视情况采取相应措施,以减少隧道施工期的叠加影响及使用期的长期影响。

28. 隧道对桥墩桩基的影响包括变形及承载力,其影响程度与桩基类型、水文地质情况、隧道与桩基的相对位置等有关,当桩基以端承为主时,隧道应远离桩基持力层;当桩基以摩擦为主时,应尽量减小隧道埋深,以降低对桩基与土体摩擦力的影响范围。隧道施工对周边环境的扰动除施工技术外,尚与土性有关,土性较好时引起的影响较小,隧道应优先选择在不易发生变形的土层或岩层中下穿;饱和的粉砂、粉土层极易在施工过程中发生流砂或流土问题,加剧对周边环境的影响,甚至使开挖面失稳,应尽量避免在该类土层中下穿。因此,隧道下穿铁路桥梁时,隧道埋深应考虑桥墩桩基形式及水文地质情况,尽量减少隧道下穿对桥墩桩基承载力的影响;应尽可能使隧道掘进面位于不易发生变形的土层或岩层中,避免位于可液化土层或易发生流土的土层。

29. 长期使用后的地铁隧道会产生沉降与不均匀沉降,导致加大行车时的动力冲击作用并加剧裂缝、漏水等结构病害,病害的长期存在或修复施工均会对铁路桥墩桩基产生影响，因此，地铁隧道下穿铁路桥梁时，为减少隧道使用期病害，结构设计应根据铁路桥梁荷载、结构与土相互作用特点等桥梁基础资料及荷载传递等，检算隧道结构所受的附加应力，并进行结构内力检算，对隧道结构采取相应加强措施。

30. 隧道下穿高速铁路桥梁时，采用明挖箱型隧道结构形式时，一般情况下，开挖深度较浅以及土体自身稳定性较好时，基坑可采用放坡开挖，但放坡会使基坑与高速铁路桥梁净距离减小、开挖土方量增加，加剧对高速铁路桥梁的影响，因此，在基坑开挖时，一般应采用支护结构，并按安全等级一级基坑进行设计；为防止基坑降水或渗漏水导致地下水位下降，或水土流失产生基坑事故或较大变形，一般情况下应尽量避免在高速铁路影响区范围内进行降水，如必须降水，应在评估降水对高速铁路桥梁影响的基础上，优先采用坑内降水，坑内降水时应加强围护结构防渗漏措施，尽量使围护结构截断坑内外水力联系，并加止水帷幕。高速铁路影响区范围内严禁基坑坑外降水，原则上严禁降承压水。

31. 隧道下穿铁路桥梁时，暗挖隧道施工应严格遵循相关规范规定的施工控制方法及要求，浅埋暗挖施工应严格遵循“管超前、严注浆、短开挖、强支护、快封闭、勤量测”的工作方针，新奥法施工应严格遵循“少扰动、早喷锚、快封闭、勤测量”的工作方针，避免产生地层变形较大等事故。

32. 隧道下穿高速铁路桥梁时，明挖箱型隧道结构从耐久性的角度出发，应采用全包防水的复合结构，暗挖隧道结构一般采用全包防水的复合结构，即明挖箱型隧道结构及暗挖隧道结构一般应采用全包防水的复合结构。同时，变形缝及施工缝是隧道使用期发生渗漏水的主要地点，因此，隧道变形缝、施工缝应尽量避免设置在高速铁路影响区范围内，如必须设置，应加强使用期的止水措施；隧道变形缝、施工缝应避免设置在高速铁路桥梁投影线范围内。

33. 因为土体扰动后的再固结、隧道结构的渗漏水等均会引起隧道结构的长期变形（如：某市地铁一号线自 1995 年建成投入运营以来，隧道大部分区段发生了相当大的沉降与不均匀沉降，局部沉降超过 300 mm），隧道长期使用后的变形及变形差，会加剧隧道病害的发生或恶化，形成相互负作用，所以，不仅在施工期，在使用期的隧道结构变形或病害也会对隧道设备设施、附近建（构）筑物产生不利影响。因此，隧道下穿铁路桥梁时，应评估隧道施工期及长期使用后对铁路桥梁产生的影响。如影响过大，在隧道设计时应加强变形、漏水等病害对铁路桥梁影响控制措施；并结合地层特点，研究是否需要设置隔离桩或采取其他控制措施。

34. 有关研究表明，若取盾构隧道埋深为 12 m，地层损失率为 0.6%，考虑盾构隧道正交下穿高速铁路桥梁的情况，定义盾构隧道外表面距高速铁路桥墩桩基的最近距离与盾构隧道外径（即宽度）的比值为洞径比，根据不同地层、不同洞径比时计算的隧道施工引起的高速铁路桥梁桥墩变形而得到的不同地层条件下桥梁墩顶位移随洞径比变化的曲线，并由此得出不同变形控制条件下的临界洞径比，见表 3-15。

表 3-15　不同地层条件、不同轨道类型下的临界洞径比表

土　　层	轨道类型	临界洞径比
深厚层淤泥地层的地区（地层基本承载力 30 kPa 左右）	有砟轨道	2.5
	无砟轨道	3.0
软土、粉砂等不良土层地区（地层基本承载力 90 kPa ~ 110 kPa 左右）	有砟轨道	1.5
	无砟轨道	2.0
地质条件相对较好的地区（地层基本承载力 150 kPa 以上）	有砟轨道	0.5
	无砟轨道	0.8

（1）由不同地层条件下桥梁墩顶位移随洞径比变化的曲线可看出，随着洞径比的增大，墩顶位移及墩顶位移的增速均逐渐减小；土层性质越差，盾构隧道施工对高速铁路桥梁墩顶位移的影响也越大，墩顶位移随洞径比的减小增速越大，例如：对于深厚层淤泥地层的地区，当洞径比为

3.0 时,盾构下穿引起的高速铁路桥梁墩顶的位移为 2.17 mm,其变形量是地质条件相对较好的地区的 9.4 倍;当洞径比为 1.0 时,盾构下穿引起的高速铁路桥梁墩顶的位移为 6.47 mm,其变形量是地质条件相对较好的地区的 3.6 倍。这也说明,在同种地层条件下,前者洞径比是后者洞径比的几倍,则前者影响基本是后者影响的几分之一;而洞径比为 3.0 时其变形量是地质条件相对较好的地区的 9.4 倍、洞径比为 1.0 时其变形量是地质条件相对较好的地区的 3.6 倍,则说明盾构隧道距高速铁路桥墩桩基距离近了以后,即洞径比小了以后,地质差、地质好的地区盾构隧道施工对高速铁路桥梁墩顶位移的影响均较大。

(2)由表 3-15 可知,为使盾构隧道下穿对桥梁变形的影响控制在不影响高速铁路桥梁结构和运行安全的范围内,地质条件相对较好的地区,盾构隧道与无砟轨道、有砟轨道桥墩最小间距应分别大于 0.8 倍、0.5 倍隧道外径(宽度),不满足时应采取相应有效措施;在软土、粉砂等不良土层地区,盾构隧道与无砟轨道、有砟轨道桥墩最小间距应分别大于 2 倍、1.5 倍隧道外径(宽度),不满足时应采取相应有效措施;在深厚层淤泥地层的地区,盾构隧道与无砟轨道、有砟轨道桥墩最小间距应分别大于 3 倍、2.5 倍隧道外径(宽度),不满足时应采取相应有效措施。因此,隧道结构与桥墩桩基的最小净距应大于 1.0 倍隧道外径(宽度);隧道位于软土、粉砂以及深厚层淤泥等不良土层时,应设置隔离桩防护措施,并设置冠梁和横撑,冠梁与横撑相连为一整体,隔离桩间的被隔离土体应进行注浆加固处理,加固后的软土无侧限抗压强度应大于 1.0 MPa、饱和粉细砂渗透系数应小于 10^{-6} cm/s。

35. 减小隧道对铁路桥墩桩基影响的控制措施包括被动控制措施和主动控制措施,被动控制措施主要采取隧道施工、隧道结构加强等方面措施,主动控制措施可采取隔离桩、桥墩桩基托换以及注浆、搅拌等土体加固等方面措施。工程实践表明,隔离桩可起到较好的控制作用;桩基托换措施是在桩基的承载力大幅下降或消失等不利情况下采用，即隧道对桩基影响极为严重，这在下穿工程中是难以允许的，因此一般不会采用桩基托换措施；注浆、搅拌等土体加固措施施工质量难以保证，且有时场地难以满足施工机具的要求，因此，原则上尽量不用或不作为主要主动控制措施。

很多工程实践已经表明，隧道下穿过程中采取的以下各种控制措施对铁路桥梁保护效果明显。

(1)隔离桩采取多批次钻孔灌注桩，并采用跳打的方式，等前一批次钻孔灌注桩完成后，再施工下一批次钻孔灌注桩，并保证对称钻孔。

(2)左、右线隧道盾构施工间隔时间 1 个月以上或间距 100 m 以上。

(3)在盾构机到达铁路桥梁 30 m 界限前，检查盾构机刀具磨损量，有磨损立即更换滚刀。

(4)选用质量优良的盾尾油脂。

(5)保证隧道作业面有序而连续施工，加快管片拼装作业，确保管片防水和拼装质量。

(6)二次注浆及时进行隧道封环，阻隔后部水体流通通道，改善同步注浆充填效果。

(7)全面做好监测，并实时根据监测结果实时指导施工。

36. 隔离桩宜采用钻孔桩，可打设一排桩，隔离桩与盾构结构间的净距宜采用 0. 5 m ~ 1. 0 m，隔离桩顺隧道方向的设置范围应超出桥梁承台两端各 1.5 倍隧道外径(宽度)。

(1)隔离桩主要起到三个方面作用：

1)当盾构隧道施工时，影响范围内的土体向隧道方向发生位移，此时隔离桩起到一定的挡土和隔断作用，从而限制土体及桥墩桩基的水平变形。

2)当盾构隧道施工时，影响范围内的土体除了向隧道侧顺桥向位移外,土体还会发生垂向沉降,隔离桩承担土体由于沉降传递过来的摩擦力,限制桩外土体的垂向沉降,将桩内外的垂向沉降隔断。

3)如果在隧道周围有袖阀管注浆的情况时,隔离桩能保证袖阀管注浆效果,同时可以减小袖阀管注浆过程中对桥墩桩基的影响。

可用于隔断的桩体类型有:钻孔灌注桩、微型桩、高压旋喷桩、三轴搅拌桩等,按照是否连为整体,隔离桩可分为间断型和连续型两类。考虑到隔离桩本身施工对铁路桥墩桩基的影响,隔离桩宜采用无挤土、对邻近建(构)筑物影响较小的钻孔桩。当采用钻孔桩时,一般仅打设一排桩;当桥下净空受限,只能采用微型桩时,为保证其隔离效果可打设两排桩或三排桩。

根据采用有限元数值模拟的方法分析隔离桩的隔离效果,同时工程实践也已表明,设置隔离桩后,盾构隧道引起的邻近铁路桥梁墩顶位移(尤其墩顶顺桥向位移)大幅度减小,设置隔离桩能够有效减少铁路桥梁附近盾构隧道施工对铁路桥梁的影响。

(2)隔离桩与桥墩桩基、隧道间的合理净距。

当隔离桩与铁路桥墩桩基的距离小于6.0 m时,桥墩位移开始增大,这是因为距离小于6.0 m时,虽然隔离桩可减小盾构施工引起的桥墩位移,但隔离桩施工本身对桥墩的影响开始增大;随着距离的增加,隔离桩起到挡土作用,桥墩位移持续减小,因此,在实际工程中,应增大隔离桩与铁路桥墩桩基的距离,使隔离桩尽量靠近盾构隧道,以减小隔离桩施工对铁路桥梁的影响,同时可以起到较好的保护作用。结合工程实践,隔离桩与隧道间的净距可采用0.5 m~1.0 m。

(3)隔离桩的合理桩长。

隔断墙需要依靠下端土层的嵌固作用来保持自身的稳定性,桩端嵌入隧道底以下长度越长,嵌固效果越好;隔离桩桩顶都位于地表处,隔离桩桩长的影响实际上就是桩端嵌入深度的影响。以桩端到隧道底距离来表示隔离桩嵌入深度，正值表示桩端位于隧道底以下，负值表示桩端位于隧道底以上，分别取桩端位于隧道中心所在高度、隧道底所在高度以及隧道底以下 3.0 m、5.0 m 和 8.0 m 位置的情况，根据计算结果，当桩端位于隧道中心所在高度时，设置隔离桩隔断墙后桥梁承台顺桥向位移和垂向位移的减小幅度都仅有 7%，隔离桩隔断墙的隔断作用不明显；随着桩端嵌入深度的增大，桥梁承台顺桥向位移和垂向位移的减小幅度都逐渐增大；当桩端嵌入深度达到隧道底以下 3.0 m 后，桥梁承台顺桥向位移和垂向位移曲线开始变缓；当桩端嵌入深度从隧道底以下 5.0 m 增大到 8.0 m 时，桥梁承台顺桥向位移几乎没有减小，垂向位移减小量也仅有 1.8%，可以认为，当桩端嵌入深度达到隧道底以下 5.0 m 后，桩长的增加对提高隔离桩隔断墙隔断效果意义不大。因此，实际工程应用中隔离桩桩端应至少达到隧道底以下 3.0 m 位置；当遇到隧道上部土层力学性质较差、隧道距铁路桥墩桩基较近、对铁路桥墩桩基变形控制要求较高的情况时，应适当增加隔离桩长度以保证隔断效果；当隧道上部土层较差、下部土层为良好持力层时，隔离桩可只进入良好持力层 1.0 m 位置；一般情况下，隔离桩桩端均宜达到隧道底以下 5.0 m 及其更深位置。

(4)隔离桩的合理设置范围。

隔离桩的设置范围是指隔离桩隔断墙顺隧道方向的设置宽度，用墙体两端分别超出桥梁承台边缘的距离来表示。根据计算结果，随着隔离桩隔断墙顺隧道方向设置范围的增大，隔离桩隔断墙对桥梁承台顺桥向位移和垂向位移的隔断效果都逐渐增大；当隔离桩隔断墙墙体两端分别超出桥梁承台 6.0 m 后，随着隔离桩隔断墙顺隧道方向设置范围的增大，隔离桩隔断墙隔断效果的提升已不明显。因此，实际应用中隔离桩隔断墙墙体两端顺隧道方向的设置范围应分别超出桥梁承台边缘 10 m 即约 1.5 倍隧道外径（宽度）；特殊情况下，可适当加大隔离桩隔断墙顺隧道方向的设置范围，以达到提高隔断效果的目的。

(5)隔离桩的合理排数。

根据计算结果,当隔离桩有间距时,隔离桩由一排增设到两排后,对承台顺桥向位移和垂向位移的隔断效果都有所提升,且桩间距越大提升效果越明显;但隔断桩由两排增设到三排后,对减小承台顺桥向位移和垂向位移的隔断效果并不明显。根据工程实践,当隔离桩无间距时,隔离桩可设置一排。

37. 既有铁路桥梁下隔离桩施工时,应对隔离桩施作顺序、施作时间等进行优化,减少隔离桩施工对桥梁的影响,并应符合下列要求:

(1)为减小隔离桩施工对铁路桥墩桩基的影响,钻孔桩应采用跳桩法施工即跳桩顺序施工。

(2)为保证隔离桩的隔离效果,应在隔离桩达到混凝土强度后再进行隧道穿越施工,隔离桩施工应在盾构穿越前1个月以前完成。

(3)隔离桩桩顶应设置冠梁,将隔离桩连接为一个整体,两排桩之间应设置横撑。研究表明,当土性较差,隔离桩间净距在0.1 m,在隧道埋深3倍洞径和5倍洞径时,可在两排隔离桩间设置足够高、宽和合理间隔的横撑,设置横撑后隔离桩隔断墙的隔断效果都有明显提高,隔离桩隔断墙对承台顺桥向位移的隔断效果提高了50%以上,对承台垂向位移的隔断效果提高了20%左右,横撑的设置对承台顺桥向位移的隔断效果的加强更加明显。在实际工程应用中,当隧道两侧都存在需要保护的桩基,或对顺桥向位移控制较为严格时,可通过横撑的设置和钻孔隔离桩的加密(钻孔隔离桩可基本上挨在一起形成一面墙体)来提高隔离桩隔断墙的隔断效果。

38. 盾构隧道下穿应做好隧道施工和设备故障的应急预案,在易发生流土或液化的粉砂或粉土层等掘进时,应提前做好流砂涌水等处理措施准备;同时,在掘进过程中,需做好突发情况判断和及时有效应对,确保工程安全和工程质量。

39. 为保证隧道下穿铁路处施工质量和减少对铁路的影响,隧道下穿应做好穿越前盾构机的检查保养,避免在下穿铁路处长时间停机、换刀、机械设备维修、消耗物品停机更换等情况发生;应做好穿越前盾构机的姿态调整工作,避免下穿铁路处因意外等造成大的偏离及相应的纠偏等致使盾构机的姿态大幅度调整或超挖等对周围土层扰动比较大的施工作业,下穿时保证下穿铁路处管片拼装质量,杜绝使用期可能出现的地下水渗漏等情况发生,做到稳步掘进、顺利穿越。

40. 盾构施工的变形控制效果与推进速度、注浆参数等有关,这些参数的合理取值与施工机械、围岩特性等有关,因此,应在事先设定参数的基础上,根据监测反馈结果进行实时调整。盾构穿越施工时,为减少对周围土体的扰动,一般情况下,需要保持掘进速度稳定,波动较小,机械负荷适中,宜适当放缓推进速度、稳步连续推进,避免卡刀盘、停机等异常现象。为确保成型后隧道质量、减少后续沉降,应严控管片拼装质量,并根据沉降监测结果实时调整同步注浆量、进行洞内二次和多次注浆。

41. 两个或多个隧道施工时的卸载效应、对周边土体的扰动等会产生叠加效应;同时,相比于未扰动土体,在受过扰动、结构尚未恢复的土体中进行隧道施工,引起的周围土体变形会较大,即在土体结构未恢复前的土体中进行隧道施工会对周边产生更大的影响。因此,两个或多个隧道下穿铁路桥梁时,相邻两隧道间距应考虑桥梁结构形式、轨道平顺性等要求,结合地质条件、隧道施工方法等因素综合确定,应尽量增大相邻两隧道间距。

42. 盾构隧道下穿铁路时,需结合具体工程实际,采取有效工程控制措施。

(1)在盾构机选型时应根据具体下穿工程的地层特点,选择合理的盾构机技术参数,充分考虑承压水、刀盘磨损、黏土中结泥饼等影响,对刀盘、刀具、防结泥冲刷系统等进行重点研究。

(2)应做好盾构注浆作业。控制好同步注浆浆液凝胶时间,二次注浆要及时跟进;做好填充浆液选择,在施工中针对浆液配比进行现场实验,确保填充密实;保证有足够的同步注浆管的数量;为控制盾构工后沉降,管片出盾尾后,可通过在管片上预留的注浆孔向地层中打深孔,并插入注浆管进行注浆,以补偿地层损失,减少沉降。

(3)应注意盾构掘进参数选择。可参考类似地层,在到达铁路前施做试验段,模拟下穿铁路段掘进,根据监测数据选择合适的盾构掘进参数,保障盾构下穿铁路施工的顺利实施。施工中应注意盾构掘进速度、姿态控制,确保盾构均衡匀速推进、连续性施工,杜绝盾构停滞,控制纠偏幅度,纠偏尽量均匀且稳定,减少盾构对土体的扰动,减少地表沉降。

(4)盾构通过铁路段施工时,应密切关注土舱压力、注浆压力等。

(5)盾构在砂层中施工,刀盘磨损会较大,刀具的选择和管理是施工成败的关键之一,应注意刀具管理工作,提前进行换刀筹划。工程实施过程中可根据现场刀盘具体情况,在进入穿越铁路试验段前进行盾构机及刀盘检修,同时加强设备日常养护,确保盾构下穿铁路时工况良好。

(6)盾构区间地下承压水位较高时,根据盾构隧道所处位置情况,在盾构施工中应针对承压水完善掘进工艺,避免螺旋输送器喷涌造成掌子面地层沉降发生。

(7)采取其他有效工程控制措施。

43. 盾构隧道下穿铁路时,需结合具体工程实际,及时有效做好施工监测工作。

(1)应根据不同的变形控制标准,进行分级动态管理,可按照可正常施工、密切关注加强监测 、采取加强支护三种施工状态,设置各级管理限值,制定上报制度和处理方案。

(2)应采用全自动监测系统,采取综合预警预控措施、将实时监测数据与盾构推进操作平台进行联网等措施,确保实时传递数据到地下,做到实时信息沟通，确保施工中及时发现问题、及时采取措施。

（3）制定盾构下穿铁路段施工监控量测的联动机制，保证盾构下穿铁路段期间的监测数据与铁路局相关部门、单位实时互通。

（4）做好施工监测的联动工作，建设单位、施工单位、设计单位、铁路单位等组成联合工作小组，对监测数据及时进行分析、及时做好处理。

（5）做好其他施工监测工作。

44. 盾构隧道下穿铁路时，需结合具体工程实际，全面细致做好施工管理工作。

（1）做好施工交底；做好人员、材料、机械等配置。

（2）针对不同的施工风险，如沉降变形超限、盾构机故障、遇见未知障碍物、漏浆漏水等制定有针对性的应急预案。制定盾构机换刀方案，尽量提前进行换刀筹划和刀盘补强。

（3）在盾构隧道下穿铁路前，制定出施工进度计划，并及时向铁路运输、工务等部门和单位报告，征得铁路有关部门和单位的同意。在施工中，请铁路有关单位委派有经验的人员现场指导。

（4）组织在铁路轨道方面有经验的专业监测单位，在施工前、中、后对施工全过程进行跟踪监测、分析，并及时反馈信息。每步工序施工时，应及时进行变形监测，及时掌握变形数据。同时请铁路有关单位配合检查铁路线路轨距、水平、高低、方向等几何尺寸以及接触网等偏差等，对较大变形做到一经发现，马上纠正。

（5）在盾构掘进过程中，当变形较大危及铁路行车安全时，应立即停止施工，并及时与铁路有关部门和单位联系，同时配合铁路维护管理单位，尽快减缓变形，调整铁路线路等设备达到通车条件后，方可放行列车。

（6）在盾构隧道下穿铁路前，一定要对盾构机进行足够的调试，确保盾构性能的可靠，同时配备足够的值班维修人员，以及时处理盾构设备故障，确保盾构掘进顺利进行。

(7)应加强地面注浆等工序的安全管理。操作安全和管理应按照《铁路工程施工安全技术规程》、《铁路营业线施工安全管理办法》等规范、规定执行。

(8)做好其他施工管理工作。

45. 盾构隧道下穿铁路时,需结合具体工程实际,科学合理做好应急预案。

(1)在工程实施阶段应成立由有关各方组成的应急管理小组,细化岗位职责,明确工作流程,确保信息通畅,组织有力,措施有效,并应及时、提前组织进行应急演练。

(2)应配备足够的机动设备、材料、人员,确保一旦发生意外情况,能在第一时间投入工作。为保持铁路轨道的平顺性,需及时对线路进行检查养护,并在地面准备道砟等铁路所需物资。若铁路轨道等有关项目变形值达到警戒值,应立即采取相应处理措施。在地面配备跟踪注浆设备和相应注浆材料,结合地面监控量测情况,如地面沉降变化量较大,可根据情况实施地面跟踪注浆。

(3)采取其他应急措施。

46. 盾构隧道下穿铁路时,需结合具体工程实际,认真严格做好其他工作。

(1)所采用的变形控制标准应在铁路有关专业部门审查后,根据铁路列车通过的实际速度,考虑现状及轨道的工后沉降,认真严格进行核实。

(2)制定的有关施工组织方案需经铁路有关主管部门审查同意后,方可用于施工。

(3)在施工过程中应与铁路有关部门和单位密切协作,发现异常情况及时采取有效处理措施,确保铁路运营安全。

(4)做好其他工作。

3.4　盾构隧道下穿高速铁路工程可行性研究报告

3.4.1　盾构隧道下穿高速铁路工程可行性研究有关注意事项

1. 应通过采用科学合理的两种及以上计算模型等方法，来确保满足铁路轨道静态几何尺寸的轨距、水平、高低、轨向(直线)、三角坑(扭曲)、轨距变化率，以及两相邻吊弦点接触线高差，接触网支柱顺、横线路方向倾斜偏差，铁路桥梁墩台顶位移等铁路控制标准，满足铁路安全运营和正常运营的有关要求。

2. 可采用提前地表注浆加固的方法，对盾构隧道区域一定范围内的土体进行加固处理，且加固处理一定要到位。应注意掌握、做好注浆压力、注浆数量、扩散半径、过程监测、注浆封孔、注后检验等工作，保证注浆安全、注浆质量、注浆效果。

3. 可通过管片加强设计，提高管片刚度；为减小隧道下穿引起的后续沉降，可在盾构施工过程中通过管片注浆孔及时进行地下二次注浆，并根据地面监测情况，随时对管片周围进行补偿深孔注浆。

4. 盾构隧道下穿铁路时，应注意做好盾构机掘进速度优化调整和铁路行车限速工作。

5. 盾构隧道下穿有砟铁路时，根据监测情况，可采取及时回填道砟、对路基跟踪注浆等方法，满足铁路运营要求。

6. 对盾构隧道区域一定范围内的接触网，可采取提前地面注浆预加固、根据监测进行地面跟踪注浆、做好位移和倾斜监测并及时处理等方法，做好接触网支柱沉降及侧斜等控制工作。

7. 应做好盾构施工控制。在邻近铁路并在下穿铁路施工前，可选取一定长度的区段作为试验段，根据地表变形监测情况、正面土压力等，不断优化盾构掘进参数，经过试验和优化调整，以减少下穿铁路处的工后沉降。在下穿铁路施工过程中，应通过严格控制掘进速度、出土量等做好土压力控制，通过盾构纠偏控制、管片拼装控制、同步注浆控制、补充注浆及根据地面监测情况及时进行有关调整等，确保铁路安全运营和正常运营。

8. 为确保铁路安全运营和正常运营，在盾构掘进下穿铁路期间，必须对轨面、地层、桥梁、接触网立柱等沉降、位移等情况进行 24 小时监控。

（1）须科学细致做好监测布点范围、布点密度、监测频率等制定、落实工作。

（2）根据监测信息，有关方面应及时研究、优化、调整施工措施。

（3）监测时间应至少从地面加固开始，延长至盾构施工完成后的 3 个月及其之后，并且沉降、位移收敛时止，对地质条件恶劣处所、重要处所等应在盾构隧道使用后长期监测。

9. 应明确盾构掘进施工注意事项。

（1）在盾构隧道下穿铁路前，建设单位一定要做好下穿铁路段的地下勘探工作，并全面分析和准确掌握地质情况，为盾构隧道安全下穿铁路打下基础条件。

（2）在盾构隧道下穿铁路前，建设单位一定要与铁路有关部门、单位做好协调，双方共同做好盾构隧道下穿铁路前的充分准备，编制科学合理、完善适用的施工组织方案和应急预案。

（3）在盾构隧道下穿铁路前，建设单位一定要对盾构机进行全面检修，使盾构机始终处于良好的运用状态，避免中途停机等不良情况发生，保证盾构连续匀速掘进，并严格控制掘进速度。

（4）盾构隧道下穿铁路时，应及时做好土质变化、围岩参数等分析和掌握，情况不明不得冒进。确保地面与地下信息的即时传递，以及时根据沉降、位移等情况，及时调整盾构机的掘进速度、刀盘转速、土舱压力、注浆压力、注浆数量等参数。

（5）盾构隧道下穿铁路时，建设单位与铁路有关部门、单位一定要做到一旦发生异常情况即时直接沟通，及时解决问题，确保应急有力有效。

10. 应明确铁路变形过大预防措施和应急措施。

(1)铁路变形过大预防措施。

1)施工前应先对盾构隧道下穿铁路段有关情况进行细致调查，采取注浆、设置隔离桩等可靠的预加固、保护等措施。

2)应严格控制平衡压力及掘进速度，避免土层波动范围过大。

3)施工时可采取土体改良，确保土体和易性和流动性等，保持进出土顺畅。

4)应正确确定注浆量和注浆压力，及时、同步、补充做好注浆。

5)应均匀注浆，并根据掘进速度的快慢适当调整注浆速率，做到与掘进速度相协调。

6)应保证搅拌浆的质量，保证压注浆液的强度。

7)掘进时应经常压注盾尾密封油脂，保证盾尾钢丝刷具有密封功能。

8)应加强施工监测，实施动态信息化施工管理控制。

9)其他预防措施。

(2)铁路变形过大应急措施。

1)施工过程中一旦沉降、位移达到警戒值，立即第一时间通知铁路有关部门、单位及时采取封锁、限速、整治等措施，确保铁路运营安全。并及时由建设单位组织设计单位、施工单位、监理单位、铁路有关部门和单位等进行认真研究和妥善解决，并汲取教训，杜绝今后。

2)根据地面沉降等情况，及时采取地面跟踪注浆等措施。

3)立即停止盾构机掘进，并保持土舱压力，以控制地层继续沉降、桥墩继续位移。并在原因尚未分析清楚，沉降、位移尚未得到控制，沉降、位移控制措施尚未到位的情况下，严禁盾构机继续掘进。待地层沉降、桥墩位移已经稳定，并已处理完成后，盾构机方可继续掘进。

4)对已拼装成形的盾构隧道,对沉降区域进行管片背后补充注浆;对变形发展情况进行及时高频率监测,并根据变形发展情况及时采取相应措施。

5)建设单位提前做好盾构机掘进过程中刀具损坏、管片拼装、遇不明坚硬物等应急处理预案制定、应急处理准备到位和届时应急处理工作。

6)在盾构隧道下穿铁路前,建设单位提前组织制定科学有效、保障有力的下穿铁路应急处理预案,并与铁路有关部门、单位充分沟通到位,确保一旦发生问题立即启动应急处理预案,确保铁路运营安全。

7)其他应急措施。

3.4.2 盾构隧道下穿高速铁路工程可行性研究报告安全评估意见应明确的有关事项

由具有资质的第三方单位对可行性研究报告下穿铁路方案进行安全评估,主要评价研究依据是否充分、内容是否齐全,变形控制标准选取是否准确,技术措施是否可行,采用的计算模型等方法是否正确,计算模型参数选取是否合理,安全风险控制措施是否有效,监测方案和风险预案是否齐全、适用等。总之,评估可行性研究报告下穿铁路方案是否安全、合理、可行。

1. 应明确以控制铁路路基沉降、桥梁墩台顶位移、轨道变形为重点,采取:

(1)对盾构隧道处一定范围内的土体进行地表注浆加固。

(2)加强管片设计,采用加强型衬砌管片,通过加强管片配筋提高管片刚度。

(3)管片增加注浆孔,做好同步注浆,及时进行二次注浆和深孔补偿注浆。

(4)根据监测情况,必要时对铁路路基采取地面跟踪注浆。

(5)对铁路路基下方一定范围内的土体采取加固措施,保证铁路路基下方复合地基承载力。

(6)设置隔离桩减小桥梁墩台顶位移。

(7)在施工过程中,加强监控量测,通过及时反馈信息,实行动态施工控制,确保铁路行车安全。

(8)铁路行车限速等措施。

上述措施是否合理可行。

2. 应明确盾构隧道施工对接触网支柱的影响。

盾构隧道施工对接触网支柱的主要影响为路基顶面变形、桥梁墩台顶位移导致的接触网支柱沉降和变形不均导致的接触网支柱倾斜,施工中应以控制接触网支柱沉降和倾斜为重点,加强施工管理,控制地面变形、桥梁墩台顶位移。

为减小隧道开挖期间地面变形、桥梁墩台顶位移导致的接触网支柱沉降和倾斜,采取盾构隧道上方土体注浆加固;对路基地段隧道区域一定范围内的接触网支柱基础提前进行地面注浆预加固处理、根据现场监测情况及时采取跟踪注浆;对桥梁地段设置隔离桩减小桥梁墩台顶位移;加强监测等措施。上述措施是否合理可行。

3. 应明确盾构隧道施工对管线、管沟等设备设施的影响。

在铁路路基上埋设有各类管线、管沟,一般埋深较浅。根据路基顶面距隧道结构顶面最小距离大小,确定盾构隧道施工对管线等影响大小。如路基顶面距隧道结构顶面最小距离大,则盾构隧道施工对管线等影响很小,施工中主要是控制路基变形,避免因路基变形导致管线、管沟结构产生裂纹和破坏;如路基顶面距隧道结构顶面最小距离小,则盾构隧道施工对管线等影响很大,应采取切实可靠的处理措施。

在盾构隧道下穿铁路前,施工单位应核实现场的管线、管沟等设备设施,通信、信号电缆,信号设备,电缆沟等设备设施的保护、处理措施应根据施工现场情况进行科学合理确定。上述措施是否合理可行。

4. 明确评估意见。

明确可行性研究报告研究依据是否充分、内容是否齐全，提出的变形控制标准是否准确，技术措施是否可行，采用的计算模型等方法是否正确，计算模型参数选取是否合理，安全风险控制措施是否有效，监测方案和风险预案是否齐全、适用等，总体方案是否安全、合理、可行。明确该可行性研究报告是否可以作为开展下阶段工作的依据。

5. 结合具体工程实际，给出工程控制措施、施工监测、施工管理、应急预案、其他方面等评估建议。

3.4.3 盾构隧道下穿高速铁路工程可行性研究报告审查有关流程

1. 建设单位委托设计单位完成盾构隧道下穿高速铁路工程可行性研究后，应委托具有国家资质的第三方单位对可行性研究报告进行安全评估，并出具可行性研究报告安全评估意见。

2. 有关铁路局总工室应先组织铁路局工务处、供电处、电务处、建设处、运输处、安监室，有关工务段、供电段、电务段、通信段等对盾构隧道下穿高速铁路工程可行性研究报告的安全评估意见进行有关专业等确认。只有安全评估意见通过有关专业等确认并签字后，方可组织进行可行性研究报告审查。

3. 在盾构隧道下穿高速铁路工程可行性研究报告的安全评估意见通过有关专业等确认并签字后，有关铁路局总工室应组织铁路局工务处、供电处、电务处、建设处、运输处、安监室，有关工务段、供电段、电务段、通信段，建设单位、设计单位、可行性研究报告安全评估单位等有关人员对盾构隧道下穿高速铁路工程可行性研究报告进行审查，并出具审查意见。

3.4.4 盾构隧道下穿高速铁路工程可行性研究报告审查要求具体做法

根据建设单位关于申请审查××轨道交通工程下穿××高速铁路有

关工程可行性研究报告的函，根据对第三方安全评估单位《××轨道交通工程下穿××高速铁路有关工程可行性研究报告安全评估意见》的审查会议有关专业等确认意见，有关铁路局应组织有关部门和单位人员，对设计单位编制的《××轨道交通工程下穿××高速铁路有关工程可行性研究报告》进行审查，并出具审查意见。

1. 当隧道下穿地质条件不良的高速铁路路基区段时：

(1)在满足铁路长远发展需要、确保铁路运输安全、满足铁路运输条件要求的原则下，原则同意××轨道交通工程××区间隧道在××高速铁路K×××+×××.××处采用盾构掘进方式直线正交下穿高速铁路，隧道顶距轨底(或地面)最小距离为××.×× m。

(2)明确是否原则同意或是否需要优化下穿铁路处铁路工务、接触网、通信、信号、电力等设备设施过渡设计。

(3)隧道采用××(土压或泥水)平衡式盾构机进行掘进，对盾构掘进影响范围内的所有铁路路基采用注浆加固。明确施工期间是否需要铁路慢行(如：施工期间铁路限速45 km/h)等。

(4)须精确测量，严格控制盾构机的姿态调整，严格控制盾构机土舱压力的设置，加强同步注浆(注浆量填充率250%)、二次注浆、深孔注浆等措施，做到及时足量注浆，确保路基沉降量控制在规定允许以内。

(5)科学布置监测点，采用全自动监测系统对沉降进行连续监测。铁路工务单位须成立工作专班配合至隧道掘进施工结束3个月后并且路基沉降收敛时止，并注意做好该工程使用中长期监测。

(6)为确保铁路运输安全，该盾构隧道下穿铁路工程须依法组织建设，施工、监理须由具有相应铁路资质的单位承担。

(7)该工程项目建设单位就租用铁路土地使用权等相关问题须与铁路土地使用权所属单位依法签订相关协议，办理相关手续。

(8)请设计单位按以上意见修改、完善设计文件。

(9)该工程项目建设单位必须对该工程的设计安全、施工安全等相关安全切实全面、全过程负责,该工程产权单位必须对该工程的使用安全等相关安全切实全面、全过程负责。铁路局审查只对该工程必须确保铁路运输绝对安全、必须满足铁路现在运营需要和将来发展需要、必须符合铁路有关规定下同意在上述处下穿铁路提出明确要求,该工程项目建设单位、产权单位必须确保认真执行以上等有关要求。在该工程建成后,因该工程设备设施及运用等原因造成的事故和损失由产权单位负责和承担;竣工后,产权单位必须及时向铁路局相关部门和单位交付下穿处的竣工资料及有关单位联系方式,以利于事故时及时联系和抢修,减少事故造成的损失和铁路运维管理等。

(10)其他事宜按铁路有关规定办理。

2. 当隧道下穿地质条件较好的高速铁路路基区段时:

(1)在满足铁路长远发展需要、确保铁路运输安全、满足铁路运输条件要求的原则下,原则同意××轨道交通工程××区间隧道在××高速铁路K×××+×××.××处采用盾构掘进方式直线正交下穿高速铁路,隧道顶距轨底(或地面)最小距离为××.×× m。

(2)明确是否原则同意或是否需要优化下穿铁路处铁路工务、接触网、通信、信号、电力等设备设施过渡设计。

(3)隧道采用××(土压或泥水)平衡式盾构机进行掘进,对盾构掘进影响范围内的所有铁路路基采用注浆加固。明确施工期间是否需要铁路慢行(如:施工期间铁路限速45 km/h)等。

(4)须精确测量,严格控制盾构机的姿态调整,严格控制盾构机土舱压力的设置,加强同步注浆(注浆量填充率250%)、二次注浆、深孔注浆等措施,做到及时足量注浆,确保路基沉降量控制在规定允许以内。

(5)科学布置监测点,采用全自动监测系统对沉降进行连续监测。铁路工务单位须成立工作专班配合至隧道掘进施工结束3个月后并且路基沉降收敛时止。

(6)为确保铁路运输安全，该盾构隧道下穿铁路工程须依法组织建设，施工、监理须由具有相应铁路资质的单位承担。

(7)该工程项目建设单位就租用铁路土地使用权等相关问题须与铁路土地使用权所属单位依法签订相关协议，办理相关手续。

(8)请设计单位按以上意见修改、完善设计文件。

(9)该工程项目建设单位必须对该工程的设计安全、施工安全等相关安全切实全面、全过程负责，该工程产权单位必须对该工程的使用安全等相关安全切实全面、全过程负责。铁路局审查只对该工程必须确保铁路运输绝对安全、必须满足铁路现在运营需要和将来发展需要、必须符合铁路有关规定下同意在上述处下穿铁路提出明确要求，该工程项目建设单位、产权单位必须确保认真执行以上等有关要求。在该工程建成后，因该工程设备设施及运用等原因造成的事故和损失由产权单位负责和承担；竣工后，产权单位必须及时向铁路局相关部门和单位交付下穿处的竣工资料及有关单位联系方式，以利于事故时及时联系和抢修，减少事故造成的损失和铁路运维管理等。

(10)其他事宜按铁路有关规定办理。

3. 当隧道下穿高速铁路桥梁区段并在与高速铁路桥墩承台之间设置隔离桩时：

(1)在满足铁路长远发展需要、确保铁路运输安全、满足铁路运输条件要求的原则下，原则同意××轨道交通工程××区间隧道在××高速铁路K×××+×××.××处铁路桥梁下采用盾构掘进方式直线正交下穿高速铁路桥梁。隧道外缘距铁路桥墩桩基最小距离×.×× m，隧道顶距地面最小距离××.×× m。

(2)明确是否原则同意或是否需要优化下穿铁路处铁路工务、通信、电力等设备设施过渡设计。

(3)下穿铁路桥梁隧道与铁路桥墩承台之间的隔离桩须采用钻孔桩。隔离桩隔断墙顺隧道方向的设置范围须超出承台两端最外侧边缘各10.00 m及其以上,隔离桩边缘与铁路桥墩承台边缘之间净距须6.00 m及其以上,隔离桩桩端须达到隧道底以下5.00 m及其更深位置或进入良好持力层。隔离桩桩顶须设置冠梁,两排隔离桩之间须设置现浇混凝土横撑,冠梁与横撑须相连为一整体。隔离桩间的被隔离土体须进行注浆加固处理,被隔离土体的加固范围、加固后土体的无侧限抗压强度和渗透系数等应满足有关规范要求。隔离桩施工不得影响铁路桥梁安全,施工时须采取全程护筒跟进、跳桩施工等措施。隔离桩施工须在隧道掘进前1个月以前完成。

(4)隧道采用××(土压或泥水)平衡式盾构机进行掘进。明确施工期间是否需要铁路慢行(如:施工期间铁路限速45 km/h)等。

(5)须精确测量,严格控制盾构机的姿态调整,严格控制盾构机土舱压力的设置,加强同步注浆(注浆量填充率250%)、二次注浆、深孔注浆等措施,做到及时足量注浆,确保地面沉降量、桥梁墩台顶位移量控制在规定允许以内。

(6)科学布置监测点,采用全自动监测系统对地面沉降、桥梁墩台顶位移进行连续监测。铁路工务单位须成立工作专班配合至隧道掘进施工结束3个月后并且地面沉降、桥梁墩台顶位移收敛时止,并注意做好该工程使用中长期监测。

(7)为确保铁路运输安全,该盾构隧道下穿铁路工程须依法组织建设,施工、监理须由具有相应铁路资质的单位承担。

(8)该工程项目建设单位就租用铁路土地使用权等相关问题须与铁路土地使用权所属单位依法签订相关协议,办理相关手续。

(9)请设计单位按以上意见修改、完善设计文件。

(10)该工程项目建设单位必须对该工程的设计安全、施工安全等相关安全切实全面、全过程负责，该工程产权单位必须对该工程的使用安全等相关安全切实全面、全过程负责。铁路局审查只对该工程必须确保铁路运输绝对安全、必须满足铁路现在运营需要和将来发展需要、必须符合铁路有关规定下同意在上述处下穿铁路提出明确要求，该工程项目建设单位、产权单位必须确保认真执行以上等有关要求。在该工程建成后，因该工程设备设施及运用等原因造成的事故和损失由产权单位负责和承担；竣工后，产权单位必须及时向铁路局相关部门和单位交付下穿处的竣工资料及有关单位联系方式，以利于事故时及时联系和抢修，减少事故造成的损失和铁路运维管理等。

(11)其他事宜按铁路有关规定办理。

4. 当隧道下穿地质条件较好的高速铁路桥梁区段时：

(1)在满足铁路长远发展需要、确保铁路运输安全、满足铁路运输条件要求的原则下，原则同意××轨道交通工程××区间隧道在××高速铁路K×××+×××.××处铁路桥梁下采用盾构掘进方式直线正交下穿高速铁路桥梁。隧道外缘距铁路桥墩桩基最小距离×.××m，隧道顶距地面最小距离××.××m。

(2)明确是否原则同意或是否需要优化下穿铁路处铁路工务、通信、电力等设备设施过渡设计。

(3)隧道采用××(土压或泥水)平衡式盾构机进行掘进，对盾构掘进影响范围内的所有铁路区域采用注浆加固，顺隧道方向注浆区长××.××m(如：长至超出铁路桥梁承台两端边缘外各6.00 m)，注浆宽度以隧道中轴线对称注浆至距铁路桥墩桩基边缘×.××m(如：6.20 m)，注浆厚度自隧道顶往上不小于×.××m(如：3.00 m)。明确施工期间是否需要铁路慢行(如：施工期间铁路限速45 km/h)等。

(4)须精确测量，严格控制盾构机的姿态调整，严格控制盾构机土舱压力的设置，加强同步注浆(注浆量填充率250%)、二次注浆、深孔注浆等措施,做到及时足量注浆,确保地面沉降量、桥梁墩台顶位移量控制在规定允许以内。

(5)科学布置监测点,采用全自动监测系统对地面沉降、桥梁墩台顶位移进行连续监测。铁路工务单位须成立工作专班配合至隧道掘进施工结束3个月后并且地面沉降、桥梁墩台顶位移收敛时止。

(6)为确保铁路运输安全,该盾构隧道下穿铁路工程须依法组织建设,施工、监理须由具有相应铁路资质的单位承担。

(7)该工程项目建设单位就租用铁路土地使用权等相关问题须与铁路土地使用权所属单位依法签订相关协议,办理相关手续。

(8)请设计单位按以上意见修改、完善设计文件。

(9)该工程项目建设单位必须对该工程的设计安全、施工安全等相关安全切实全面、全过程负责,该工程产权单位必须对该工程的使用安全等相关安全切实全面、全过程负责。铁路局审查只对该工程必须确保铁路运输绝对安全、必须满足铁路现在运营需要和将来发展需要、必须符合铁路有关规定下同意在上述处下穿铁路提出明确要求,该工程项目建设单位、产权单位必须确保认真执行以上等有关要求。在该工程建成后,因该工程设备设施及运用等原因造成的事故和损失由产权单位负责和承担;竣工后,产权单位必须及时向铁路局相关部门和单位交付下穿处的竣工资料及有关单位联系方式,以利于事故时及时联系和抢修,减少事故造成的损失和铁路运维管理等。

(10)其他事宜按铁路有关规定办理。

3.5 盾构隧道下穿高速铁路工程施工图设计

3.5.1 盾构隧道下穿高速铁路工程施工图设计有关注意事项

1. 盾构隧道下穿高速铁路工程施工图设计应严格按照《地铁设计规

范》(GB 50157—2013)、《城市轨道交通地下工程建设风险管理规范》(GB 50652—2011)等规定进行编制,并应结合实际,因地制宜,科学合理进行编制。

2. 盾构隧道下穿高速铁路工程施工图设计应注重盾构隧道在铁路桥墩之间地面以下的下穿深度,应尽量增加隧道埋深,并在桥墩桩基桩端以上位置下穿。

3. 盾构隧道下穿高速铁路工程施工图设计应控制下穿铁路段盾构掘进综合进度。

4. 盾构隧道下穿高速铁路工程施工图设计应在充分勘察的基础上,根据下穿铁路段土质特点和分布情况等,分析、研究、明确隧道施工过程中盾构机控制参数,避免参数控制不当造成地表沉降或隆起,从而对铁路安全造成影响。

5. 盾构隧道下穿高速铁路工程施工图设计应准确把握高速铁路桥梁墩台基础沉降控制标准、不同等级的铁路线路维修管理标准等规定,选取隧道埋深最浅处和隧道水平间距最小处等典型断面进行分析。

6. 盾构隧道下穿高速铁路工程施工图设计应充分考虑铁路路基区段静荷载、动荷载对盾构隧道的影响。场地在盾构隧道施工开挖过程中仍通过列车时,一般认为列车在行驶中产生的附加动应力的影响范围为基面以下 3.0 m 左右。但有关研究表明,尤其是在软土地区,当铁路下方存在构筑物(如:盾构隧道)时,动应力在 2.0 m ~ 3.0 m 深处完成大部分衰减,而随着深度的增加,动应力又逐渐开始加大,铁路线通过列车时产生的列车动荷载会对盾构隧道结构以及地层变形产生影响。列车动荷载应根据场地各条铁路运营的实际情况以及考虑列车动荷载影响的最不利组合来确定,计算时需考虑各条铁路的路基恒载和列车动荷载。

7. 一般情况下,受盾构隧道下穿影响的桥墩顺隧道方向位移要比横隧道方向位移和垂向位移大得多,盾构隧道下穿高速铁路工程施工图设计应结合隧道施工引起的地表沉降规律特征分析，将桥墩顺隧道方向位移作为主要控制因素。

8. 盾构隧道下穿高速铁路工程施工图设计应采用三维有限元计算模型等方法进行多种分析、测算、研究，准确给出盾构隧道施工引起的铁路路基沉降最大值，桥梁墩台沉降值、相邻桥梁墩台沉降差、桥梁墩台顶位移，轨道的高低、水平等是否符合相关规定的要求。

9. 盾构隧道下穿高速铁路工程施工图设计应采用三维有限元计算模型等方法进行多种分析、测算、研究，准确给出盾构隧道施工引起的受影响最大等接触网支柱基础底面中心沉降值、相邻接触网支柱沉降差、两相邻吊弦点接触线高差以及接触网支柱顺、横线路方向倾斜偏差等是否符合相关规定的要求。

10. 盾构隧道下穿高速铁路工程施工图设计可在初步设计的基础上，通过将初步设计的线路单面坡设计优化调整为"V"字形双面坡设计等方法，加大下穿铁路段隧道埋深，使隧道顶最小覆土厚度满足有关要求，并尽量改善穿越处土质条件，使优化调整之后的线路纵断面隧道埋深加大且地层相对较好，以减少对上部铁路的不利影响。

11. 盾构隧道下穿高速铁路工程当需采用隔离桩对高速铁路桥墩桩基进行隔离保护设计时，施工图设计应科学合理设计隔离桩规格、位置、范围、长度等，以减少盾构施工和隔离桩施工等对桥墩桩基的影响。

12. 盾构隧道下穿高速铁路工程施工图设计应根据计算分析和现场实际等，采取新建接触网支柱（或硬横跨）及腕臂装置、进行悬挂调整及锚段调整等方法，做好接触网支柱等保护过渡方案。

13. 盾构隧道下穿高速铁路工程施工图设计应根据计算分析和现场实际等，明确监测项目的延续时间，一般情况下，延续时间至少在盾构隧道施工完成后的3~6个月，并根据需要注意做好工程使用中长期监测。

14. 盾构隧道下穿高速铁路工程施工图设计应通过提前做好路基加

固、加强管片设计(提高管片强度、增设管片注浆孔进行二次注浆和深孔注浆)、采用隔离桩进行隔离保护设计、行车限速、及时填充道砟、接触网支柱基础提前进行地面注浆预加固处理(可在接触网支柱基础四周各埋置 1 根注浆管,注浆加固深度较接触网支柱基础深 1.0 m,分层、分次注浆并根据监测情况掌控好注浆压力,按照技术要求进行封孔)、盾构施工控制(土压力控制、掘进速度控制〔严禁停机〕、出土量控制、盾构纠偏控制〔少纠或不纠,盾构机姿态变化不可过大、过频〕、管片拼装控制〔提高管片拼装质量和拼装速度,做到掘进后快拼装、拼装后快掘进〕、同步注浆量〔根据以往下穿铁路施工经验,同步注浆量填充率宜控制在 250% 及以上〕和浆液质量控制、二次注浆辅以环箍注浆、地层损失量控制〔控制在 0.5% 及以内〕等)、盾构下穿铁路施工地面监测情况和指令信息随时向盾构作业面进行最及时反馈等方法,做好铁路变形过大、隧道突发涌水涌砂事故、设备运行过程故障、遇到不明坚硬物等应急处理措施制定,形成科学合理、切实可行的隧道施工期间铁路安全保护方案和应急预案。

15. 盾构隧道下穿高速铁路工程施工图设计时,下穿铁路的安全控制要求,应区分轨道变形要求和结构变形要求。轨道变形控制标准应为满足运营要求的轨道不平顺管理值,根据铁路部门运营维护要求确定;结构变形控制标准应满足结构安全要求。

16. 盾构隧道下穿高速铁路工程施工图设计应明确在施工前测量桥梁、路基、建(构)筑物结构的既有变形数据,包括差异变形、支座偏移、裂缝等数据,根据测量数据和结构既有安全状态,研究隧道施工及使用期间的结构安全控制标准,并制定科学合理的施工措施、维护措施。

17. 盾构隧道下穿高速铁路工程施工图设计时,盾构施工应针对地层特点,进行有针对性设计,重点考虑粉砂层、承压水等影响,正确做好、设置盾构机选型、刀盘配置、性能参数、注浆要求、掘进速度、扭矩等盾构工艺措施、参数。

18. 盾构隧道下穿高速铁路工程施工图设计时，监测项目中除应包括沉降、位移等项目外，还应包括轨距、轨向、桥梁结构等项目，并正确制定监测控制标准、监测布置方案、变形处理准则等。施工监测报警值应按照不同铁路的运营要求编制。

3.5.2 盾构隧道下穿高速铁路工程施工图设计安全评估意见应明确的有关事项

由具有资质的第三方单位根据具体工程特点，参考类似工程经验，对盾构隧道下穿高速铁路工程进行安全风险分析，对盾构隧道下穿高速铁路工程施工图设计进行安全评估，主要评价研究依据是否充分、内容是否齐全，变形控制标准选取是否准确，技术措施是否可行，采用的计算模型等方法是否正确，计算模型参数选取是否合理，安全风险控制措施是否有效，监测方案和风险预案是否齐全、适用等。总之，评估盾构隧道下穿高速铁路工程施工图设计是否安全、合理、可行。

1. 应明确盾构隧道施工对铁路路基、桥梁基础、轨道的影响。

应明确以控制铁路路基沉降、桥梁基础位移、轨道变形等为重点，采取：轨道加固（采用锁道、便梁托换等方法）、铁路路基注浆加固、铁路路基下方土体注浆加固、对桥墩桩基采用钻孔灌注桩等方式进行隔离保护；加强盾构施工工艺控制和施工管理，加强管片设计，采用加强型衬砌管片；管片增加注浆孔，及时做好同步注浆、二次注浆和深孔补偿注浆；行车限速；及时回填铁路道砟；做好施工中监控量测，对沉降、沉降差、位移等进行监测，通过及时反馈信息，实行动态施工控制等措施。上述措施是否合理可行，确保采用盾构方式下穿高速铁路铁路路基沉降、桥梁基础位移、轨道变形等均在控制标准范围内，确保高速铁路运营安全。

（1）当需采用隔离桩对高速铁路桥墩桩基进行隔离保护设计时，施工图设计应科学合理设计隔离桩规格、位置、范围、长度等，以减少盾构施工和隔离桩施工等对桥墩桩基的影响。明确桥梁保护措施是否合理可行。

(2)当采用在盾构隧道下穿铁路前,对盾构下穿的高速铁路线路股道利用施工便梁对轨道进行加固,根据轨道沉降监测情况调整轨道高度,保证轨道平顺,以满足铁路线路的标准;同时在盾构隧道下穿铁路施工过程中,加强地表沉降观测,精心调整施工参数,控制土舱压力和掘进速度,减少地层损失及对周边地层的扰动等方案时,明确方案是否合理可行。

(3)当盾构隧道下穿铁路采用地面注浆加固方案时,明确方案是否合理可行。

2. 应明确盾构隧道施工对接触网支柱的影响。

盾构隧道施工对接触网支柱的主要影响为路基顶面变形、桥梁墩台顶位移导致的接触网支柱沉降和变形不均导致的接触网支柱倾斜,施工中应以控制接触网支柱沉降和倾斜为重点,加强施工工艺控制,做好变形、位移监测,控制地面变形、桥梁墩台顶位移。

为减小隧道开挖期间地面变形、桥梁墩台顶位移导致的接触网支柱沉降和倾斜,采取盾构隧道上方土体注浆加固;将影响范围内的接触网支柱基础提前进行地面注浆预加固处理,结合接触网支柱沉降、倾斜偏差等监测结果,必要时采取地面袖阀管注浆纠偏、及时调整接触网高度;接触网支柱进行支柱托换、临时迁改;对桥梁地段设置隔离桩减小桥梁墩台顶位移;加强监测等措施。上述措施是否合理可行。

3. 应明确盾构隧道施工对管线、管沟等设备设施的影响。

一般情况下,在铁路路基上分布有铁路电(光)缆、给排水系统和通信等各类管线、管沟等设备设施,一般埋深较浅。盾构隧道和路基加固等施工前需对铁路路基上埋设的各类管线、管沟的数量、型号、布设情况以及信号设备等设备设施情况,进行详细的调查、探明,对施工可能对其产生影响的管线、管沟以及信号设备等设备设施进行迁改或保护。施工中主要是控制路基变形，避免因路基变形导致管线、管沟结构产生裂纹和破坏等，路基变形控制方法与轨道变形控制方法相同。施工中采取加强监测和观察措施，并结合监测结果采取地面跟踪注浆等加固措施。上述措施是否合理可行。

4. 明确评估意见。

明确施工图设计设计依据是否充分、内容是否齐全，提出的变形控制标准是否准确，技术措施是否可行，采用的计算模型等方法是否正确，计算模型参数选取是否合理，安全风险控制措施是否有效，监测方案和风险预案是否齐全、适用等，总体方案是否安全、合理、可行。明确在各项技术措施落实到位的情况下，采用盾构方式下穿既有铁路，铁路路基沉降、桥梁基础位移、轨道变形及接触网支柱沉降和倾斜是否均在控制标准范围内，可确保铁路运营安全。

5. 结合具体工程实际，给出工程控制措施、施工监测、施工管理、应急预案、其他方面等评估建议。

3.5.3 盾构隧道下穿高速铁路工程施工图设计审查有关流程

1. 建设单位委托设计单位完成盾构隧道下穿高速铁路工程施工图设计后，应委托具有国家资质的第三方单位对施工图设计进行安全评估，并出具施工图设计安全评估意见。

2. 有关铁路局总工室应先组织铁路局工务处、供电处、电务处、建设处、运输处、安监室，有关工务段、供电段、电务段、通信段等对盾构隧道下穿高速铁路工程施工图设计的安全评估意见进行有关专业等确认。只有安全评估意见通过有关专业等确认并签字后，方可组织进行施工图设计审查。

3. 在盾构隧道下穿高速铁路工程施工图设计的安全评估意见通过有关专业等确认并签字后，有关铁路局总工室应组织铁路局工务处、供电处、电务处、建设处、运输处、安监室，有关工务段、供电段、电务段、通信段，建设单位、设计单位、施工图设计安全评估单位等有关人员对盾构隧道下穿高速铁路工程施工图设计进行审查，并出具审查意见。

3.5.4　盾构隧道下穿高速铁路工程施工图设计审查要求具体做法

根据建设单位关于申请审查××轨道交通工程下穿××高速铁路有关工程施工图设计的函，根据对第三方安全评估单位《××轨道交通工程下穿××高速铁路有关工程施工图设计安全评估意见》的审查会议有关专业等确认意见，有关铁路局应组织有关部门和单位人员，对设计单位编制的《××轨道交通工程下穿××高速铁路有关工程施工图设计》进行审查，并出具审查意见。

1. 当隧道下穿地质条件不良的高速铁路路基区段时：

（1）在满足铁路长远发展需要、确保铁路运输安全、满足铁路运输条件要求的原则下，原则同意××轨道交通工程××区间隧道在××高速铁路K×××+×××.××处采用盾构掘进方式直线正交下穿高速铁路，隧道顶距轨底（或地面）最小距离为××.×× m。

（2）明确是否原则同意或是否需要优化下穿铁路处铁路工务、接触网、通信、信号、电力等设备设施过渡设计。明确是否需对××高速铁路××接触网支柱（接触网硬横跨等）采用××方式（如：基础注浆加固、托换等方式）进行防护。

（3）隧道采用××（土压或泥水）平衡式盾构机进行掘进，对盾构掘进影响范围内的所有铁路路基采用注浆加固，顺隧道方向注浆区长××.×× m（如：长至超出铁路路基两侧边缘外各6.00 m），注浆宽度至盾构隧道结构两侧边缘外（两盾构隧道结构两侧边缘外）各×.×× m（如：6.00 m），注浆厚度深至铁路路基面以下××.×× m（如：12.00 m等，条件许可下注浆厚度应深至隧道底以下不小于3.00 m）。明确施工期间是否需要铁路慢行(如:施工期间铁路限速 45 km/h)等。

(4)须精确测量,严格控制盾构机的姿态调整,严格控制盾构机土舱压力的设置,加强同步注浆(注浆量填充率 250%)、二次注浆、深孔注浆等措施,做到及时足量注浆,确保路基沉降量控制在规定允许以内。

(5)科学布置监测点,采用全自动监测系统对沉降进行连续监测。铁路工务单位须成立工作专班配合至隧道掘进施工结束 3 个月后并且路基沉降收敛时止,并注意做好该工程使用中长期监测。

(6)为确保铁路运输安全,该盾构隧道下穿铁路工程须依法组织建设,施工、监理须由具有相应铁路资质的单位承担。

(7)该工程项目建设单位就租用铁路土地使用权等相关问题须与铁路土地使用权所属单位依法签订相关协议,办理相关手续。

(8)在确保铁路运输安全的原则下,施工单位须科学合理编制施工组织、安全措施,报铁路局审批,并与铁路局相关设备管理单位签订施工安全配合协议并认真执行,取得施工许可后再行按规施工。

(9)请设计单位按以上意见修改、完善施工设计文件。

(10)该工程项目建设单位必须对该工程的设计安全、施工安全等相关安全切实全面、全过程负责,该工程产权单位必须对该工程的使用安全等相关安全切实全面、全过程负责。铁路局审查只对该工程必须确保铁路运输绝对安全、必须满足铁路现在运营需要和将来发展需要、必须符合铁路有关规定下同意在上述处下穿铁路提出明确要求,该工程项目建设单位、产权单位必须确保认真执行以上等有关要求。在该工程建成后,因该工程设备设施及运用等原因造成的事故和损失由产权单位负责和承担;竣工后,产权单位必须及时向铁路局相关部门和单位交付下穿处的竣工资料及有关单位联系方式,以利于事故时及时联系和抢修,减少事故造成的损失和铁路运维管理等。

(11)其他事宜按铁路有关规定办理。

2. 当隧道下穿地质条件较好的高速铁路路基区段时：

（1）在满足铁路长远发展需要、确保铁路运输安全、满足铁路运输条件要求的原则下，原则同意××轨道交通工程××区间隧道在××高速铁路K×××+×××.××处采用盾构掘进方式直线正交下穿高速铁路，隧道顶距轨底（或地面）最小距离为××.×× m。

（2）明确是否原则同意或是否需要优化下穿铁路处铁路工务、接触网、通信、信号、电力等设备设施过渡设计。明确是否需对××高速铁路××接触网支柱（接触网硬横跨等）采用××方式（如：基础注浆加固、托换等方式）进行防护。

（3）隧道采用××（土压或泥水）平衡式盾构机进行掘进，对盾构掘进影响范围内的所有铁路路基采用注浆加固，顺隧道方向注浆区长××.×× m（如：长至超出铁路路基两侧边缘外各6.00 m），注浆宽度至盾构隧道结构两侧边缘外（两盾构隧道结构两侧边缘外）各×.×× m（如：6.00 m），注浆厚度深至铁路路基面以下××.×× m。明确施工期间是否需要铁路慢行（如：施工期间铁路限速45 km/h）等。

（4）须精确测量，严格控制盾构机的姿态调整，严格控制盾构机土舱压力的设置，加强同步注浆（注浆量填充率250%）、二次注浆、深孔注浆等措施，做到及时足量注浆，确保路基沉降量控制在规定允许以内。

（5）科学布置监测点，采用全自动监测系统对沉降进行连续监测。铁路工务单位须成立工作专班配合至隧道掘进施工结束3个月后并且路基沉降收敛时止。

（6）为确保铁路运输安全，该盾构隧道下穿铁路工程须依法组织建设，施工、监理须由具有相应铁路资质的单位承担。

（7）该工程项目建设单位就租用铁路土地使用权等相关问题须与铁路土地使用权所属单位依法签订相关协议，办理相关手续。

（8）在确保铁路运输安全的原则下，施工单位须科学合理编制施工组织、安全措施，报铁路局审批，并与铁路局相关设备管理单位签订施工安全配合协议并认真执行，取得施工许可后再行按规施工。

(9)请设计单位按以上意见修改、完善施工设计文件。

(10)该工程项目建设单位必须对该工程的设计安全、施工安全等相关安全切实全面、全过程负责，该工程产权单位必须对该工程的使用安全等相关安全切实全面、全过程负责。铁路局审查只对该工程必须确保铁路运输绝对安全、必须满足铁路现在运营需要和将来发展需要、必须符合铁路有关规定下同意在上述处下穿铁路提出明确要求，该工程项目建设单位、产权单位必须确保认真执行以上等有关要求。在该工程建成后，因该工程设备设施及运用等原因造成的事故和损失由产权单位负责和承担；竣工后，产权单位必须及时向铁路局相关部门和单位交付下穿处的竣工资料及有关单位联系方式，以利于事故时及时联系和抢修，减少事故造成的损失和铁路运维管理等。

(11)其他事宜按铁路有关规定办理。

3. 当隧道下穿高速铁路桥梁区段并在与高速铁路桥墩承台之间设置隔离桩时：

(1)在满足铁路长远发展需要、确保铁路运输安全、满足铁路运输条件要求的原则下，原则同意××轨道交通工程××区间隧道在××高速铁路K×××+×××.××处铁路桥梁下采用盾构掘进方式直线正交下穿高速铁路桥梁。隧道外缘距铁路桥墩桩基最小距离×.×× m，隧道顶距地面最小距离××.×× m。

(2)明确是否原则同意或是否需要优化下穿铁路处铁路工务、通信、电力等设备设施过渡设计。

(3)下穿铁路桥梁隧道与铁路桥墩承台之间的隔离桩(如：ϕ1.00 m)须采用钻孔桩，密集紧挨在一起的隔离桩形成隔断墙。隔离桩隔断墙顺隧道方向的设置范围须超出承台两端最外侧边缘各10.00 m及其以上，隔离桩边缘与铁路桥墩承台边缘之间净距须 6.00 m 及其以上，隔离桩桩端须达到隧道底以下 5.00 m 及其更深位置或进入良好持力层。隔离桩桩顶须设置冠梁，两排隔离桩之间须设置现浇混凝土横撑，冠梁与横撑须相连为一整体。隔离桩间的被隔离土体须进行注浆加固处理，加固深度至隧道底以下 3.00 m 及其更深位置，被隔离土体加固后的土体无侧限抗压强度和渗透系数等应满足有关规范要求。隔离桩施工不得影响铁路桥梁安全，施工时须采取全程护筒跟进、跳桩施工等措施。隔离桩施工须在隧道掘进前 1 个月以前完成。

(4)隧道采用××(土压或泥水)平衡式盾构机进行掘进。明确施工期间是否需要铁路慢行(如:施工期间铁路限速 45 km/h)等。

(5)须精确测量，严格控制盾构机的姿态调整，确保隧道与铁路桥墩桩基之间距离的准确，严格控制盾构机土舱压力的设置，加强同步注浆(注浆量填充率 250%)、二次注浆、深孔注浆等措施，做到及时足量注浆，确保地面沉降量、桥梁墩台顶位移量控制在规定允许以内。

(6)科学布置监测点，采用全自动监测系统对地面沉降、桥梁墩台顶位移进行连续监测。铁路工务单位须成立工作专班配合至隧道掘进施工结束 3 个月后并且地面沉降、桥梁墩台顶位移收敛时止，并注意做好该工程使用中长期监测。

(7)为确保铁路运输安全，该盾构隧道下穿铁路工程须依法组织建设，施工、监理须由具有相应铁路资质的单位承担。

(8)该工程项目建设单位就租用铁路土地使用权等相关问题须与铁路土地使用权所属单位依法签订相关协议，办理相关手续。

(9)在确保铁路运输安全的原则下，施工单位须科学合理编制施工组织、安全措施，报铁路局审批，并与铁路局相关设备管理单位签订施工安全配合协议并认真执行，取得施工许可后再行按规施工。

(10)请设计单位按以上意见修改、完善施工设计文件。

(11)该工程项目建设单位必须对该工程的设计安全、施工安全等相关安全切实全面、全过程负责,该工程产权单位必须对该工程的使用安全等相关安全切实全面、全过程负责。铁路局审查只对该工程必须确保铁路运输绝对安全、必须满足铁路现在运营需要和将来发展需要、必须符合铁路有关规定下同意在上述处下穿铁路提出明确要求,该工程项目建设单位、产权单位必须确保认真执行以上等有关要求。在该工程建成后,因该工程设备设施及运用等原因造成的事故和损失由产权单位负责和承担;竣工后,产权单位必须及时向铁路局相关部门和单位交付下穿处的竣工资料及有关单位联系方式,以利于事故时及时联系和抢修,减少事故造成的损失和铁路运维管理等。

(12)其他事宜按铁路有关规定办理。

4. 当隧道下穿地质条件较好的高速铁路桥梁区段时:

(1)在满足铁路长远发展需要、确保铁路运输安全、满足铁路运输条件要求的原则下,原则同意××轨道交通工程××区间隧道在××高速铁路K×××+×××.××处铁路桥梁下采用盾构掘进方式直线正交下穿高速铁路桥梁。隧道外缘距铁路桥墩桩基最小距离×.×× m,隧道顶距地面最小距离××.×× m。

(2)明确是否原则同意或是否需要优化下穿铁路处铁路工务、通信、电力等设备设施过渡设计。

(3)隧道采用××(土压或泥水)平衡式盾构机进行掘进,对盾构掘进影响范围内的所有铁路区域采用注浆加固,顺隧道方向注浆区长××.×× m(如:长至超出铁路桥梁承台两端边缘外各6.00 m),注浆宽度以隧道中轴线对称注浆至距铁路桥墩桩基边缘×.×× m(如:6.20 m),注浆厚度自隧道顶往上不小于×.×× m(如:3.00 m)。明确施工期间是否需要铁路慢行(如:施工期间铁路限速45 km/h)等。

(4)须精确测量,严格控制盾构机的姿态调整,确保隧道与铁路桥墩桩基之间距离的准确，严格控制盾构机土舱压力的设置，加强同步注浆（注浆量填充率250%）、二次注浆、深孔注浆等措施，做到及时足量注浆，确保地面沉降量、桥梁墩台顶位移量控制在规定允许以内。

（5）科学布置监测点，采用全自动监测系统对地面沉降、桥梁墩台顶位移进行连续监测。铁路工务单位须成立工作专班配合至隧道掘进施工结束3个月后并且地面沉降、桥梁墩台顶位移收敛时止。

（6）为确保铁路运输安全，该盾构隧道下穿铁路工程须依法组织建设，施工、监理须由具有相应铁路资质的单位承担。

（7）该工程项目建设单位就租用铁路土地使用权等相关问题须与铁路土地使用权所属单位依法签订相关协议，办理相关手续。

（8）在确保铁路运输安全的原则下，施工单位须科学合理编制施工组织、安全措施，报铁路局审批，并与铁路局相关设备管理单位签订施工安全配合协议并认真执行，取得施工许可后再行按规施工。

（9）请设计单位按以上意见修改、完善施工设计文件。

（10）该工程项目建设单位必须对该工程的设计安全、施工安全等相关安全切实全面、全过程负责，该工程产权单位必须对该工程的使用安全等相关安全切实全面、全过程负责。铁路局审查只对该工程必须确保铁路运输绝对安全、必须满足铁路现在运营需要和将来发展需要、必须符合铁路有关规定下同意在上述处下穿铁路提出明确要求，该工程项目建设单位、产权单位必须确保认真执行以上等有关要求。在该工程建成后，因该工程设备设施及运用等原因造成的事故和损失由产权单位负责和承担；竣工后，产权单位必须及时向铁路局相关部门和单位交付下穿处的竣工资料及有关单位联系方式，以利于事故时及时联系和抢修，减少事故造成的损失和铁路运维管理等。

（11）其他事宜按铁路有关规定办理。

第 4 章　道路下穿高速铁路工程

4.1　道路下穿高速铁路工程的有关规定

4.1.1　《高速铁路设计规范》(TB 10621—2014)中的有关规定

1. 高速铁路与其他铁路、公(道)路交叉宜采用高速铁路上跨的方式,困难条件下经技术经济比选采用高速铁路下穿时,应采取安全可靠的防护措施。

2. 高速铁路桥墩墩柱可能受到汽车(船舶)撞击时,宜设置防护工程。

4.1.2　《中国铁路总公司运输局关于穿(跨)越高速铁路营业线和邻近工程等方案审查有关问题的通知》(运工桥隧函〔2013〕316 号)中的有关规定

1. 公路、城市道路、人行过道与已运营高速铁路(含客运专线铁路和城际铁路)、新建设计时速 200 km 铁路及其相关联络线和动车走行线的交叉工程应优先采用下穿铁路的方案;无砟轨道区段路基和有可能破坏地基加固效果的有砟轨道区段路基及各种过渡段,禁止框构顶进下穿。

2. 对下穿铁路的公路、城市道路、人行过道应采取可靠的防水、排水和铁路防撞、沉降控制等措施,满足防洪要求,加强对公路、城市道路两侧既有空心墩台的安全防护,必要时对空心墩台采取抗撞加固措施;下穿铁路的公路、城市道路、人行过道的路基填筑不得采用重型机械振动碾压。

3. 对下穿、上跨铁路的公路和城市道路，必要时设置警告、限速标志、振动减速标线等。

4.1.3　道路下穿高速铁路工程限高、限宽等的有关规定

1.《铁路安全管理条例》(中华人民共和国国务院令 第 639 号)中规定，下穿铁路桥梁、涵洞的道路应当按照国家标准设置车辆通过限高、限宽标志和限高防护架。城市道路的限高、限宽标志由当地人民政府指定的部门设置并维护，公路的限高、限宽标志由公路管理部门设置并维护。限高防护架在铁路桥梁、涵洞、道路建设时设置，由铁路运输企业负责维护。

2.《铁路技术管理规程(高速铁路部分)》(TG/01—2014)中规定，下穿铁路桥梁、涵洞的道路应按照国家标准设置车辆通过限高、限宽标志和限高防护架。

3.《铁路桥涵设计规范》(TB 10002—2017)中规定，铁路与道路交叉跨越的立交桥涵，其净空应符合相关技术标准的规定。当通过机动车辆且桥下净空不足 5.00 m 时，应设置限高防护架。

4.2　道路下穿高速铁路工程有关规范(标准、规定)的理解、掌握、运用

1. 高速铁路与其他铁路、公(道)路交叉宜采用高速铁路上跨的方式，困难条件下采用高速铁路下穿时，需进行综合的技术经济比选，并对安全防护方案进行论证，设计方案报有关部门审批。防护设施包括防落物侵入铁路建筑限界、防车辆撞击铁路桥梁及墩台等基础设施。

2. 因桥下汽车等造成桥梁事故的情况是比较多的，是重要的安全风险因素，因此，设计中应考虑有关因素和采取有关工程措施。高速铁路桥

下设置防护工程应做到有效防止车辆撞击铁路桥梁及墩台,并在交叉处的明显位置设置高速铁路梁下高度及宽度限制标志,以免高速铁路桥梁梁体、墩台被撞击。可采取设置公(道)路的高速铁路桥墩防护栏、限高防护架等方式进行防护,通过设置防护能力更强的防护栏以及合适的限高防护架等,防止公(道)路车辆危及高速铁路安全运营或影响高速铁路正常运营。

3. 高速铁路与公(道)路交叉应尽量采用直线正交方式,满足净高、净宽等要求。下穿高速铁路的公(道)路须做好高速铁路桥墩防护(方式、范围、高度、强度、耐久性、可靠性等)设计,并应在下穿高速铁路的公(道)路双向两端做好限高防护架限制高度、宽度和强度、耐久性、可靠性、距高速铁路桥梁外缘距离等设计;公(道)路下穿高速铁路有砟区段时,应设置高速铁路挡砟设施。

4. 无砟轨道区段路基和有可能破坏地基加固效果的有砟轨道区段路基及各种过渡段,禁止框构顶进下穿,但可采取盾构隧道等其他合适方式下穿。

5. 对下穿铁路的公路、城市道路、人行过道应采取可靠的防水、排水和铁路防撞、沉降控制等措施,必要时对道路两侧铁路空心墩台采取抗撞加固措施;下穿铁路的公路、城市道路、人行过道的路基填筑不得采用重型机械振动碾压,在施工过程中须做好现场控制。

6. 对下穿、上跨高速铁路的公路和城市道路,必要时应科学合理设置警告、限速标志、振动减速标线等,以确保高速铁路安全运营和正常运营。

7. 下穿铁路桥梁、涵洞的道路应按照国家标准设置车辆通过限高、限宽标志和限高防护架。道路交叉跨越的立交桥涵净空应符合相关技术标准的规定,当有可能通过机动车辆时,无论桥下净空是否不足5.00 m,均应科学合理设置限高防护架等。

4.3　道路下穿高速铁路工程的工作要点

1. 公(道)路与高速铁路交叉应尽量采用直线正交方式。

2. 路基形式道路修建的过程是在原地面上加载的过程,在一般情况下,软弱土层在路基填土荷载的作用下会产生沉降和侧向挤出变形,加载对高速铁路桥墩桩基的影响包括两个方面:一方面,桩周土的沉降,会使高速铁路桥墩桩基上部受到负摩阻力的作用,高速铁路桥墩桩基在负摩阻力的作用下产生沉降和不均匀沉降;另一方面,高速铁路桥墩桩基的面对道路侧受到比其背对道路侧更大的土压力作用,高速铁路桥墩桩基在两侧土压力差的作用下发生远离道路方向的水平位移。上述两种影响往往同时发生,并相互影响。当地基土基本承载力大于 180 kPa 且路基高度不大于 1.00 m 时,可采用路基形式道路下穿高速铁路桥梁。

3. 不同地层条件下路基形式道路的修建引起临近高速铁路桥梁位移的规律是,土层性质越差,路基形式道路的修建对高速铁路桥梁的影响也越大,在某条件下,高速铁路桥梁墩顶的顺桥向水平位移量,土层性质差的地域可是土层性质好的地域的 20 倍左右,高速铁路桥梁墩顶的垂向位移量,土层性质差的地域可是土层性质好的地域的 5 倍左右。因此,土性较差的地区不宜采用路基形式道路下穿高速铁路桥梁。一般情况下,在地基基本承载力大于 150 kPa,路基高度不大于 1.00 m 时,采用路基形式道路下穿,能保证施工与使用阶段高速铁路桥梁正常使用;或通过安全评估分析计算后,采用路基形式道路下穿能保证施工与使用阶段高速铁路桥梁正常使用时,可考虑采用路基形式道路下穿高速铁路桥梁。

4. 路基坡脚边缘不得侵入高速铁路桥梁墩台,路基排水沟外侧距高速铁路桥梁墩身净距应大于 3.00 m。

5. 采用路基形式道路下穿高速铁路桥梁时,路基填筑高度,除了考虑道路纵断面线形外，还需考虑给高速铁路桥梁带来的不利影响。如果从道路纵断面线形考虑，路基填筑高度难以降低，可以考虑选用轻型填料，以减小作用于地基上的荷载，降低填方重量对高速铁路桥梁的影响，满足高速铁路桥梁和轨道的沉降、位移、变形控制标准要求。

6. 采用路基形式道路下穿高速铁路桥梁时，为避免道路车辆直接冲撞桥墩危及高速铁路桥梁安全，需要桥墩防护栏基础应有足够的埋深等，桥墩防护栏基础埋深等应能满足防撞要求，以使车辆撞击防护栏时，防护栏不至于因基础等问题而失效。

7. 下穿高速铁路桥梁、涵洞的公(道)路，其净空等于或大于 5.00 m 而小于或等于 7.00 m 时，为防止车辆违法违规超高通过危及高速铁路安全，也应在下穿高速铁路桥梁、涵洞的公(道)路双向两端设置限高防护架和相应标志，以确保超高车辆不能进入；下穿高速铁路桥梁、涵洞的非机动车道路，其净空小于或等于 7.00 m 且不能防止大、中型机动车通行时，为防止车辆违法违规超高通过危及高速铁路安全，也应在下穿高速铁路桥梁、涵洞的非机动车道路双向两端设置限高防护架和相应标志，以确保超高车辆不能进入。以上限高防护架设置的净高(限高防护架横梁底至路面高度)在任何情况下均应低于高速铁路桥梁下实际净高 2.0 cm 及其以上，并须与限高标志一致。并为防止限高防护架被撞毁后波及高速铁路，限高防护架距高速铁路桥梁外缘距离应不小于 50 m。

8. 采用路基形式道路下穿高速铁路桥梁施工时，为避免取土作业对高速铁路桥梁的影响，取土坑应设在高速铁路影响区范围外。

9. 采用路基形式道路下穿高速铁路桥梁施工时，压路机如采用振动式碾压，会对高速铁路桥梁上列车正常运行等产生不利影响，因此，路基及道路结构层施工碾压宜采用静压式碾压。为满足道路规范要求的相应压实度等指标，可以通过增加压路机吨位、摊铺层数、碾压次数等方式，达到规范要求。

4.4 道路下穿高速铁路工程方案、设计审查要求具体做法

1. 道路下穿高速铁路桥梁工程方案设计审查要求具体做法。

(1)在满足铁路长远发展需要、确保铁路运输安全、满足铁路运输条件要求的原则下,原则同意××道路在××高速铁路K×××+×××.××处铁路桥梁下以××+×× m道路直线正交下穿高速铁路桥梁。新建道路路面至高速铁路桥梁梁底净空须不小于5.20 m;新建道路下穿高速铁路桥梁两侧采用5.00 m高的加强防撞墙(3.60 m高加强型SS级钢筋混凝土防撞墙+1.40 m高钢结构防护栏),加强防撞墙外缘距高速铁路桥梁承台边缘最小距离×.×× m,按双向两端设限高防护架(限高5.00 m),双向两端限高防护架距高速铁路桥梁外缘不小于50 m(或新建道路下穿高速铁路桥梁两侧采用不小于3.60 m高的加强防撞墙,加强防撞墙外缘距高速铁路桥梁承台边缘最小距离×.×× m,按双向两端设限高防护架〔限高5.00 m〕,双向两端限高防护架距高速铁路桥梁外缘不小于50 m,加强防撞墙端部前的八字墙〔八字墙与道路纵向夹角30°〕与双向两端限高防护架外侧连接,八字墙对高速铁路桥梁投影须全部覆盖高速铁路桥梁桥墩等)。

(2)道路机动车道净空须不小于限高防护架的限高。

(3)明确是否需要优化施工期间铁路排水方案;该道路工程不得恶化既有铁路排水等条件;道路排水、通风、照明等纳入地方管理;排水泵站须设于铁路安全保护区外。

(4)明确是否原则同意或是否需要优化下穿铁路处铁路工务、通信、电力等设备设施过渡设计。地方拆迁由该工程项目建设单位负责。

(5)为确保铁路运输安全,该道路下穿铁路工程须依法组织建设,施工、监理须由具有相应铁路资质的单位承担。

(6)该工程项目建设单位就租用铁路土地使用权等相关问题须与铁路土地使用权所属单位依法签订相关协议,办理相关手续。

(7)在任何情况下,因该道路设备设施及运用等影响铁路新建、改扩建、大修、维修等时,产权单位须无条件对以上设备设施进行及时拆迁和及时配合。

(8)该工程项目建设单位必须对该工程的设计安全、施工安全等相关安全切实全面、全过程负责,该工程产权单位必须对该工程的使用安全等相关安全切实全面、全过程负责。铁路局审查只对该工程必须确保铁路运输绝对安全、必须满足铁路现在运营需要和将来发展需要、必须符合铁路有关规定下同意在上述处下穿铁路提出明确要求,该工程项目建设单位、产权单位必须确保认真执行以上等有关要求。在该工程建成后,因该工程设备设施及运用等原因造成的事故和损失由产权单位负责和承担;竣工后,产权单位必须及时向铁路局相关部门和单位交付下穿处的竣工资料及有关单位联系方式,以利于事故时及时联系和抢修,减少事故造成的损失和铁路运维管理等。

(9)其他事宜按铁路有关规定办理。

2. 道路下穿高速铁路桥梁工程施工图设计审查要求具体做法

(1)在满足铁路长远发展需要、确保铁路运输安全、满足铁路运输条件要求的原则下,原则同意××道路在××高速铁路K×××+×××.××处铁路桥梁下以××+×× m道路直线正交下穿高速铁路桥梁。须满足高速铁路桥梁桥墩基础安全要求,须委托原设计单位对相关桥墩进行检算。新建道路路面至高速铁路桥梁梁底净空须不小于5.20 m;新建道路下穿高速铁路桥梁两侧采用5.00 m高的加强防撞墙(3.60 m高加强型SS级钢筋混凝土防撞墙+1.40 m高钢结构防护栏),加强防撞墙外缘距高速铁路桥梁承台边缘最小距离×.×× m,按双向两端设限高防护架(限高5.00 m),双向两端限高防护架距高速铁路桥梁外缘不小于50 m

（或新建道路下穿高速铁路桥梁两侧采用不小于3.60 m高的加强防撞墙，加强防撞墙外缘距高速铁路桥梁承台边缘最小距离×.×× m，加强防撞墙端部距高速铁路桥梁外缘不小于11 m，按双向两端设限高防护架（限高5.00 m），双向两端限高防护架距高速铁路桥梁外缘不小于50 m，加强防撞墙端部前的八字墙〔八字墙与道路纵向夹角30°〕与双向两端限高防护架外侧间采用防护栏连接，八字墙对高速铁路桥梁投影须全部覆盖高速铁路桥梁桥墩等）。

（2）明确是否需要优化施工期间铁路排水方案；该道路工程不得恶化既有铁路排水等条件；道路排水、通风、照明等纳入地方管理；排水泵站须设于铁路安全保护区外。

（3）明确是否原则同意或是否需要优化下穿铁路处铁路工务、通信、电力等设备设施过渡设计。

（4）地方相关拆迁、防护工作由该工程项目建设单位负责。

（5）为确保铁路运输安全，该道路下穿铁路工程须依法组织建设，施工、监理须由具有相应铁路资质的单位承担。

（6）该工程项目建设单位就租用铁路土地使用权等相关问题须与铁路土地使用权所属单位依法签订相关协议，办理相关手续。

（7）在任何情况下，因该道路设备设施及运用等影响铁路新建、改扩建、大修、维修等时，产权单位须无条件对以上设备设施进行及时拆迁和及时配合。

（8）在确保铁路运输安全的原则下，施工单位须科学合理编制施工组织、安全措施，报铁路局审批，并与铁路局相关设备管理单位签订施工安全配合协议并认真执行，取得施工许可后再行按规施工。

（9）该工程项目建设单位必须对该工程的设计安全、施工安全等相关安全切实全面、全过程负责，该工程产权单位必须对该工程的使用安全等相关安全切实全面、全过程负责。铁路局审查只对该工程必须确保铁路运输绝对安全、必须满足铁路现在运营需要和将来发展需要、必须符合铁路有关规定下同意在上述处下穿铁路提出明确要求，该工程项目建设单位、产权单位必须确保认真执行以上等有关要求。在该工程建成后，因该工程设备设施及运用等原因造成的事故和损失由产权单位负责和承担；竣工后，产权单位必须及时向铁路局相关部门和单位交付下穿处的竣工资料及有关单位联系方式，以利于事故时及时联系和抢修，减少事故造成的损失和铁路运维管理等。

（10）其他事宜按铁路有关规定办理。

第 5 章　桥梁穿跨高速铁路工程

5.1　桥梁穿跨高速铁路工程的有关规定

5.1.1　《高速铁路设计规范》(TB 10621—2014)中的有关规定

1. 高速铁路与客货共线铁路或货运铁路、公(道)路以桥梁方式交叉跨越时,宜采用高速铁路上跨的方式。困难条件下经技术经济比选采用高速铁路下穿方式时,应按有关规定采取可靠的安全防护措施。

2. 跨越高速铁路的立交桥下净高,应符合有关规定。

3. 高速铁路桥墩墩柱可能受到汽车(船舶)撞击时,宜设置防护工程。

4. 新建公(道)路上跨高速铁路立交桥结构设计除应满足公(道)路相关设计标准的规定外,尚应符合下列规定:

(1)跨线桥跨及其相邻两边跨的安全等级采用一级,结构重要性系数为 1.1。

(2)跨线桥跨及其相邻两边跨的汽车设计荷载采用相应标准设计荷载的 1.3 倍。

(3)抗震设防类别应按不低于公路(城市)桥梁抗震设计标准中规定的 B(乙)类采用,并满足《铁路工程抗震设计规范》(GB 50111)的相关要求。

(4)梁部结构宜采用整体箱梁。采用其他结构形式时,应采取措施加强结构的整体性。

5. 新建公(道)路上跨高速铁路立交桥桥梁安全防护设计应符合下列规定:

(1)安全防护范围内桥梁护栏应采用两道防护,并按不低于《公路交通安全设施设计规范》(JTG D81)规定的最高防撞等级进行特殊设计。

(2)桥上应设置安全警示标志和接地系统。

(3)桥上应设置防落物网。

(4)桥面应采用集中排水方式,引出高速铁路范围以外。

(5)跨线范围内桥面灯杆不宜设在桥面外侧,并采取防止灯杆倾覆坠落桥下的措施。

6. 高速铁路隧道洞口上方有公路跨越时,应在靠近高速铁路的公路路侧设置防撞护栏,护栏等级应符合有关规定。

7. 设计速度 200 km/h 及以上区段应设置风、雨、雪、地震及上跨铁路的道路桥梁异物侵限监测系统。

8. 设计速度大于 160 km/h 区段上跨铁路的道路桥梁处应设置异物侵限现场采集设备。

9. 桥梁设计应为上跨铁路的道路桥梁预留异物侵限监测装置的安装条件及检修通道。

5.1.2 《铁路工程设计防火规范》(TB 10063—2016)中的有关规定

1. 公(道)路不应在区域性及以上编组站的到达场、调车场、出发场有效长范围内和仓库建筑总面积 3 000 m^2 及以上的货场、集装箱货位面积 10 000 m^2 及以上的货场上方跨越。严禁在危险品货场、洗罐所、口岸站油罐车换轮线(库)、危险品工业站、港湾站上方跨越。

说明:以上作业繁忙、货物流量大场所和易燃易爆场所,为防止外来因素诱发火灾,故作此规定。

2. 上跨铁路的人行天桥应设置防护网,并应符合下列规定:

(1)防护网应延伸至距最外铁路线路外侧轨道 6.00 m 以外。

(2)与铁路贴邻的人行天桥应在天桥的铁路侧设置防护网。

(3)铁路站场范围内的天桥,防护网应延引至桥下。

(4)防护网高度不应小于 2.20 m,网眼不应大于 0.25 cm^2。

说明:本条人行天桥主要指站场范围内人行天桥,不包括站台范围内供旅客进出站的天桥。

5.1.3 《铁路自然灾害及异物侵限监测系统工程设计暂行规定》(铁总建设〔2013〕86 号)中的有关规定

为实现对上跨铁路的道路桥梁异物侵限的有效、准确、实时监测,为调度指挥及维护管理提供报警信息,异物侵限现场采集设备包括异物侵限现场监测装置、现场控制器等设备,其设置应符合下列规定:

1. 设计速度大于 160 km/h 区段内上跨铁路的道路桥梁处应设置异物侵限现场采集设备。

2. 现场控制器应邻近异物侵限现场监测装置,设置于铁路用地界内,且不得侵入铁路建筑限界。

3. 异物侵限现场监测装置宜采用双电网传感器,设置于上跨铁路的道路桥梁两侧。

4. 双电网传感器的设置范围应结合工程特点及现场的实际情况,根据上跨铁路的道路桥梁防撞护栏的防撞性能、铁路轨面至上跨铁路的道路桥梁桥面的高度、铁路线路与上跨铁路的道路桥梁的交叉角度、上跨铁路的道路桥梁上机动车的走向等因素计算确定。

5. 双电网传感器应采用结合上跨铁路的道路桥梁的安装方式,不具备条件时可采用独立结构安装方式。双电网传感器的安装方式应具备维修条件。

6. 现场采集设备至监控单元之间可采用信号电缆或光缆进行信号传输,监控单元至信号系统之间宜采用信号电缆进行信号传输。

7. 现场采集设备应由监控单元处设置的电源集中供电。根据现场采集设备供电的具体需求,可采用信号电缆、独立敷设电力电缆等供电方式。

5.1.4 《中国铁路总公司运输局关于穿(跨)越高速铁路营业线和邻近工程等方案审查有关问题的通知》(运工桥隧函〔2013〕316 号)中的有关规定

1. 上跨已运营高速铁路(含客运专线铁路和城际铁路)及其相关联络线和动车走行线的交叉设计方案,由有关铁路局审查;当受场地条件限制无法采用转体施工方案的,在有关铁路局审查并提出意见后,报中国铁路总公司运输局审查。

说明:上跨已运营高速铁路(含客运专线铁路和城际铁路)及其相关联络线和动车走行线的交叉设计方案,应采用转体施工方案,由有关铁路局审查;当受场地条件限制采用非转体施工方案时,在有关铁路局审查并提出意见后,报中国铁路总公司运输局审查。

2. 公路、城市道路、人行过道与已运营高速铁路(含客运专线铁路和城际铁路)、新建设计时速 200 km 铁路及其相关联络线和动车走行线的交叉工程,当确须采用上跨铁路的方案时,应采用上跨结构转体施工方案。公路、城市道路在铁路隧道浅埋地段上方通过时,原则上应采用桥梁跨越方案。

3. 对确须上跨铁路的公路、城市道路、人行过道等桥梁,要采取安全可靠的施工安全保障措施和铁路沉降控制措施,设置钢筋混凝土墙式护栏、防护网(屏、棚)、异物侵限监测系统和视频监视系统等可靠的防护设施。

4. 对下穿、上跨高速铁路的公路和城市道路,必要时设置警告、限速标志、振动减速标线等。

5.2 桥梁穿跨高速铁路工程有关规范(标准、规定)的理解、掌握、运用

1. 高速铁路与客货共线铁路或货运铁路、公(道)路以桥梁方式交叉

跨越时,为防止其他上跨铁路道砟或异物坠入高速铁路线路,或上跨公(道)路桥上的公路车辆、货物等坠入高速铁路线路,危及高速铁路行车安全,需遵循高速铁路优先上跨客货共线铁路或货运铁路、公(道)路的原则。当不满足要求时,需对交叉跨越方案进行充分的技术经济比较和安全论证,并采取可靠的安全防护措施,安全防护措施包括防落物侵入铁路建筑限界等基础设施。

2. 上跨高速铁路的立交桥下净高主要考虑接触网悬挂方式、导线高度、结构高度、带电体对地绝缘距离以及施工误差等因素。

3. 因桥下汽车等造成桥梁事故的情况是比较多的,是重要的安全风险因素,因此,设计中应考虑有关因素和采取有关工程措施。高速铁路桥下设置防护工程应做到有效防止车辆撞击铁路桥梁及墩台,并在交叉处的明显位置设置高速铁路梁下高度及宽度限制标志,以免高速铁路桥梁梁体、墩台被撞击。可采取设置公(道)路的高速铁路桥墩防护栏、限高防护架等方式进行防护,通过设置防护能力更强的防护栏以及合适的限高防护架等,防止公(道)路车辆危及高速铁路安全运营或影响高速铁路正常运营。

4. 新建公(道)路上跨高速铁路立交桥应做好结构设计和安全防护,充分考虑汽车超载的普遍性、可能性和超载的严重程度,及其对上跨高速铁路的公(道)路立交桥的毁灭性损坏和给高速铁路运营带来的严重安全隐患,除应满足公(道)路相关设计标准的规定外,设计安全等级、结构重要性系数、汽车设计荷载、抗震设计标准须符合有关规范、规定且满足上跨高速铁路的公(道)路立交桥必须安全、可靠的要求,城市人口稠密、交通繁忙地区汽车设计荷载可进一步提高。新建公(道)路上跨高速铁路立交桥梁部结构宜采用整体箱梁;采用其他结构形式时,应采取措施加强结构的整体性,防止混凝土块体坠落等危及高速铁路运营安全。同时,新建公(道)路上跨高速铁路立交桥桥墩距离铁路线路较近,若发生损坏将对高速铁路运营带来安全隐患，因此，新建公（道）路上跨高速铁路立交桥桥墩应具备较大的刚度和较高的稳定性、较强的防撞能力，不应采用独柱桥墩，应选择防撞能力较强的实体墩。

5. 须做好新建公（道）路上跨高速铁路立交桥安全防护设计。

（1）公（道）路运输车辆中大型货车数量不断增加，世界各国都普遍提高了防撞护栏碰撞能量，以加大防护力度，世界最高碰撞车辆质量为38 t，最大碰撞能量为650 kJ；而我国现行的最高等级防撞护栏即SS级，碰撞车辆质量为18 t，最大碰撞能量为520 kJ，均低于有关发达国家防撞标准。根据工程实践和仿真研究，将SS级标准实体式钢筋混凝土护栏、整体加宽0.15 m，即顶面由0.20 m加宽到0.35 m，底面由0.448 m加宽到0.598 m，1.40 m高的护栏（即SX级护栏）各项指标均满足《高速公路护栏安全性能评价标准》（JTG/TF8-01—2004）的有关要求，具备676 kJ防撞能力，可在实际工程中应用。同时，采用两道防护的第一道防撞墙作用，是经受冲逸车辆的首次碰撞，消耗其部分能量，冲逸车辆此时冲击速度降低，动能减少，但车辆整体或部分变形车体及物品仍有可能冲出此道防护，造成二次灾害；第二道防撞墙的作用，是经受冲逸车辆的第二次碰撞，消耗其全部能量，阻止车辆整体或部分变形车体及物品坠入桥下高速铁路线路，确保高速铁路运营安全；考虑到侧翻的车辆整体或散落的部分变形车体及物品仍留在桥面上，不至于坠入桥下高速铁路线路，两道防撞墙间应有一定的安全缓冲距离（当两道防撞墙间不设置人行道时，两道防撞墙间安全缓冲距离至少为1.50 m；当两道防撞墙间设置人行道时，两道防撞墙间安全缓冲距离加宽视具体情况而定），还需在外侧防撞墙顶上设置高防抛网。在外侧防撞墙外，应设置0.75 m宽检修通道和最外侧0.25 m宽竖直监测电网（为确保高速铁路行车安全，应在公跨铁立交桥上安装异物侵限监控装置，监控抛掷物等因故越过护栏（防撞墙）、护网（防抛网）而侵入铁路限界并控制列车运行，异物侵限监控装置的竖直监测电网高度 2.00 m)基础。

(2)新建公(道)路上跨高速铁路立交桥应设置告示牌、标线、限速、减速带等安全警示标志,提醒驾驶人员注意前方跨越高速铁路,应慢行,严禁变道、超车。为安全起见,对上跨高速铁路立交桥应进行限速,小客车应为 80 km/h,整体式大货车应为 65 km/h。同时,应按照有关规定做好桥梁及其有关设施的接地设计处理。

(3)新建公(道)路上跨高速铁路立交桥桥上防落物网设置范围、设置高度应根据车辆高度、抛物高度、装载物品高度等实际情况进行科学合理设置,根据数年实践,防落物网高度一般不应低于道路路面 5.00 m,并做好防落物网材料选用、立柱基础与桥梁预埋件联结,确保防落物网、立柱强度及其稳定性、可靠性满足要求,所有金属部件表层应进行热镀锌且浸塑处理。

6. 高速铁路隧道洞口上方有公(道)路跨越时,应在靠近高速铁路的公(道)路路侧设置防撞护栏,护栏等级应符合有关规定。安全防护范围内防撞护栏仍应采用上述两道防护方式及其相应做法,进行特殊安全防护设计,以避免汽车等失控车辆整体或部分变形车体及物品坠入隧道洞口轨道上,引发事故。

7. 对上跨高速铁路的道路桥梁(主要指城市道路、公路及乡村道路桥梁,不包括人行天桥)的异物侵限应实现有效、准确、实时监测,为调度指挥及维护管理提供报警、预警信息,有效防止或减少灾害对高速铁路运营和安全的影响。

8. 高速铁路与公(道)路等桥梁交叉应尽量采用直线正交方式,相互满足净高、净宽等要求。

9. 下穿高速铁路的公(道)路等桥梁须做好高速铁路桥墩防护(方式、范围、高度、强度、耐久性、可靠性等)设计,并应在下穿高速铁路的公(道)路桥梁双向两端做好限高防护架限制高度、宽度和强度、耐久性、可靠性、距高速铁路桥梁外缘距离等设计；公（道）路等桥梁下穿高速铁路有砟区段时，应设置高速铁路挡碴设施。

10. 为防止外来因素在作业繁忙、货物流量大的编组站、大型货场等诱发火灾等事故，保证危险品货场、洗罐所、口岸站油罐车换轮线（库）、危险品工业站、港湾站等易燃易爆场所安全，因此，《铁路工程设计防火规范》中规定：公（道）路不应在区域性及以上编组站的到达场、调车场、出发场有效长范围内和仓库建筑总面积 3 000 m^2 及以上的货场、集装箱货位面积 10 000 m^2 及以上的货场上方跨越。严禁在危险品货场、洗罐所、口岸站油罐车换轮线（库）、危险品工业站、港湾站上方跨越。

11. 上跨铁路的人行天桥应设置防护网，并应符合有关规定。上跨铁路的人行天桥主要指站场范围内人行天桥，不包括站台范围内供旅客进出站的天桥，对于有人员通行的上跨铁路的公（道）路立交桥应按人行天桥办理。即为防止上跨铁路的公（道）路立交桥或人行天桥上过往的人员、车辆丢弃烟头或其他火种等引燃引爆桥下列车、站场内的易燃易爆物品等情况发生，因此，《铁路工程设计防火规范》做出设置防护网的有关规定。

12. 设计速度大于 160 km/h 区段内上跨铁路的公（道）路桥梁处应设置异物侵限现场采集设备，其设置应符合有关规定要求。

13. 公路、城市道路、人行过道与已运营高速铁路（含客运专线铁路和城际铁路）、新建设计时速 200 km 铁路及其相关联络线和动车走行线的交叉工程，当确须采用上跨铁路的方案时，应采用上跨结构转体施工方案，须采取安全可靠的施工安全保障措施和铁路沉降控制措施，设置钢筋混凝土墙式护栏、防护网（屏、棚）、异物侵限监测系统和视频监视系统等可靠的防护设施。公路、城市道路在铁路隧道浅埋地段上方通过时，原则上应采用桥梁跨越方案。

14. 对下穿、上跨高速铁路的公路和城市道路桥梁，必要时应科学合理设置警告、限速标志、振动减速标线等，以确保高速铁路安全运营和正常运营。

15. 在高速铁路影响区范围内填筑路基，可能会使高速铁路桥梁墩台顶顺桥向、横桥向、垂向位移超出铁路部门相关要求，影响高速铁路安全。因此，为减少道路施工和使用期间对高速铁路产生的不利影响，在高速铁路影响区范围内，道路宜以桥梁形式下穿高速铁路桥梁。

5.3　桥梁下穿高速铁路桥梁工程的工作要点

1. 公(道)路等桥梁下穿高速铁路桥梁时，应尽量直线正交。

2. 公(道)路等桥梁下穿高速铁路桥梁时，高速铁路桥梁下应满足下穿公(道)路等桥梁的净高、净宽等要求。

3. 公(道)路桥梁下穿高速铁路桥梁时，高速铁路桥梁下净空等于或大于 5.00 m 而小于或等于 7.00 m 时，为防止车辆违法违规超高通过危及高速铁路安全，也应在下穿高速铁路桥梁的公(道)路桥梁双向两端设置限高防护架和相应标志，以确保超高车辆不能进入；下穿高速铁路桥梁的公(道)路桥梁非机动车道路，高速铁路桥梁下净空小于或等于 7.00 m 且不能防止大、中型机动车通行时，也应在下穿高速铁路桥梁的公(道)路桥梁非机动车道路双向两端设置限高防护架和相应标志，以确保超高车辆不能进入。以上限高防护架设置的净高(限高防护架横梁底至路面高度)在任何情况下均应低于高速铁路桥梁下实际净高 2.0 cm 及其以上，并须与限高标志一致。并为防止限高防护架被撞毁后波及高速铁路，限高防护架距高速铁路桥梁外缘距离应不小于 50 m。

4. 公(道)路等桥梁下穿高速铁路桥梁时，应结合下穿公(道)路等桥梁宽度和现场情况，做好高速铁路桥墩防护设计。

5. 公(道)路等桥梁下穿高速铁路桥梁时，必要时应对高速铁路相关桥墩进行检算，满足高速铁路桥墩基础安全要求。

6. 公（道）路等桥梁下穿高速铁路桥梁时，高速铁路影响区范围内的桥梁长度与孔跨布置应考虑对高速铁路桥梁的影响。

7. 公（道）路等桥梁下穿高速铁路桥梁时，钢筋混凝土梁或预应力钢筋混凝土梁采用整体式结构还是装配式结构应根据现场实际情况确定。如桥位附近可工厂预制（或现场预制），且运输方便，采用工地安装，使梁体质量有保证，并缩短施工周期，简化施工过程，可考虑采用装配式结构；如果不具备上述条件，可考虑采用整体式结构，整体式结构可直接在高速铁路桥梁下搭设支架进行现浇，整体式结构其整体性能优于装配式结构。但考虑施工干扰等因素，条件允许时，应优先采用装配式结构。

8. 公（道）路等桥梁下穿高速铁路桥梁时，由于旋挖钻施工工艺对周围土体扰动大，同时易塌孔、孔身偏斜、扩孔、缩孔、糊钻、埋钻、卡钻、掉钻落物等，因此，邻近高速铁路桥梁的钻孔桩施工不宜采用旋挖钻施工。

9. 公（道）路等桥梁下穿高速铁路桥梁时，预制梁的制作及临时堆放场地应设在高速铁路影响区范围外。

10. 公（道）路等桥梁下穿高速铁路桥梁时，为确保机械吊装施工过程中的安全，避免发生事故危及高速铁路安全，机械吊装施工前，应对吊装设备进行全面的安全技术检查，并按设计荷载的 60%、100% 和 130% 分别做好相应的起吊试验。

11. 公（道）路等桥梁下穿高速铁路桥梁时，在高速铁路桥梁下采用架桥机架设的公（道）路等桥梁，不仅应满足公（道）路等桥梁的下穿要求，而且高速铁路桥梁的梁底距公（道）路等桥梁的梁顶面高度应满足大于架桥机本身高度和作业安全空间的要求，施工期间严禁施工设备碰撞高速铁路桥梁任何部位，尤其在架桥机等大型设备使用中，须做好安全防护工作。同时，在施工之前做好应急预案，确保施工安全。

12. 公（道）路等桥梁下穿高速铁路桥梁时，应避免架桥机过于靠近高速铁路桥梁，可能碰撞高速铁路桥梁危及高速铁路安全的情况发生，同时，在施工过程中应采取可靠措施确保梁体的稳定性，防止发生倾覆等施工事故。

13. 公(道)路等桥梁下穿高速铁路桥梁时，无论采用何种方法施工，均必须保证对高速铁路桥梁的影响小于铁路部门的相关要求。

14. 公(道)路等桥梁下穿高速铁路桥梁时，为避免因现浇梁支架构件强度或稳定性破坏，造成支架坍塌，危及高速铁路安全，现浇梁支架应根据设计和施工规范要求进行预压，预压荷载应取设计荷载的120%。

5.4　桥梁上跨高速铁路工程的工作要点

1. 公(道)路等桥梁上跨高速铁路时，应尽量直线正交。

2. 公(道)路等桥梁上跨高速铁路时，上跨的公(道)路等桥梁应满足高速铁路净高、净宽等要求。

3. 公(道)路等桥梁上跨高速铁路时，上跨的公(道)路等桥梁排水须排出高速铁路区域外，尤其不能渗漏水至高速铁路上，影响高速铁路安全运营和正常运营。

4. 公(道)路等桥梁上跨高速铁路时，须采取安全可靠的施工安全保障措施和铁路沉降控制措施，设置钢筋混凝土墙式护栏、防护网(屏、棚)、异物侵限监测系统和视频监视系统等可靠的防护设施。

5. 公(道)路等桥梁上跨高速铁路时，工程可行性研究应从上跨的公(道)路等桥梁施工方式难易、施工及使用后对高速铁路的影响大小、施工对既有道路交通的影响大小、与有关道路的衔接情况好坏、纵坡对舒适度的影响大小，上跨的公(道)路等桥梁安全性、功能性、耐久性、经济性、美观性程度，上跨的公(道)路等桥梁工期长短、使用后维护工作量大小等方面，对上跨的公(道)路等桥梁各种方案进行技术、经济等方面的科学、细致比选，最终确定科学合理、切实可行的最优方案。

6. 公（道）路等桥梁上跨高速铁路时，从上跨的公（道）路等桥梁使用后维护工作量大小、耐久性、经济性方面而言，上跨的公（道）路等桥梁跨铁路部分采用钢筋混凝土桥梁优于采用钢制桥梁，并应依次优先考虑现浇法、预制架梁法、顶推法、转体施工法。考虑到上跨的公（道）路等桥梁的经济性，在可确保安全的情况下，应尽量不采用转体施工法。

上跨的公（道）路等桥梁跨铁路上部结构采用何种材质以及采用何种施工方法都应围绕确保安全、高效、经济施工，达到设计意图，满足设计要求。但不能为了施工安全，均采用钢制桥梁、均采用转体施工法，还要考虑投资费用、后期维护等因素，科学合理确定合适的桥梁跨铁路上部结构材质和施工方法。

7. 公（道）路等桥梁上跨高速铁路时，对重要桥梁宜建立健康检测等系统。

8. 公（道）路等桥梁上跨高速铁路时，为避免因现浇梁支架构件强度或稳定性破坏，造成支架坍塌，危及高速铁路安全，现浇梁支架应根据设计和施工规范要求进行预压，预压荷载应取设计荷载的120%。

5.5 桥梁下穿高速铁路桥梁工程方案、设计审查要求具体做法

1. 关于公路桥梁下穿高速铁路桥梁工程方案设计审查要求具体做法。

（1）在满足铁路长远发展需要、确保铁路运输安全、满足铁路运输条件要求的原则下，原则同意××公路桥梁在××高速铁路K×××+×××.××处铁路桥梁下采用何种形式（如：1－40 m预应力混凝土简支箱梁等）直线正交下穿高速铁路桥梁。新建公路桥梁路面至高速铁路桥梁梁底净空须不小于5.20 m；新建公路桥梁桥面宽××.×× m；新建

公路桥梁下穿高速铁路桥梁两侧采用 5.00 m 高的加强防撞墙(3.60 m 高加强型 SS 级钢筋混凝土防撞墙 +1.40 m 高钢结构防护栏),新建公路桥梁外缘距高速铁路桥梁承台边缘水平最小距离 ×.×× m,按双向两端设限高防护架(限高 5.00 m),双向两端限高防护架距高速铁路桥梁外缘不小于 50 m。

(2)新建下穿高速铁路桥梁的公路桥梁机动车道净空须不小于限高防护架的限高。

(3)明确是否需要优化施工期间铁路排水方案;该桥梁工程不得恶化既有铁路排水等条件;桥梁排水引入道路排水系统,桥梁排水、照明等纳入地方管理;排水泵站须设于铁路安全保护区外。

(4)明确是否原则同意或是否需要优化下穿铁路处铁路工务、通信、电力等设备设施过渡设计。地方拆迁由该工程项目建设单位负责。

(5)为确保铁路运输安全,该桥梁下穿铁路工程须依法组织建设,施工、监理须由具有相应铁路资质的单位承担。

(6)该工程项目建设单位就租用铁路土地使用权等相关问题须与铁路土地使用权所属单位依法签订相关协议,办理相关手续。

(7)在任何情况下,因该桥梁设备设施及运用等影响铁路新建、改扩建、大修、维修等时,产权单位须无条件对以上设备设施进行及时拆迁和及时配合。

(8)该工程项目建设单位必须对该工程的设计安全、施工安全等相关安全切实全面、全过程负责,该工程产权单位必须对该工程的使用安全等相关安全切实全面、全过程负责。铁路局审查只对该工程必须确保铁路运输绝对安全、必须满足铁路现在运营需要和将来发展需要、必须符合铁路有关规定下同意在上述处下穿铁路提出明确要求,该工程项目建设单位、产权单位必须确保认真执行以上等有关要求。在该工程建成后,因该工程设备设施及运用等原因造成的事故和损失由产权单位负责和承担;竣工后,产权单位必须及时向铁路局相关部门和单位交付下穿处的竣工资料及有关单位联系方式,以利于事故时及时联系和抢修,减少事故造成的损失和铁路运维管理等。

(9)其他事宜按铁路有关规定办理。

2. 关于公路桥梁下穿高速铁路桥梁工程施工图设计审查要求具体做法

(1)在满足铁路长远发展需要、确保铁路运输安全、满足铁路运输条件要求的原则下,原则同意××公路桥梁在××高速铁路K×××+×××.××处铁路桥梁下采用何种形式(如:1-40 m预应力混凝土简支箱梁等)直线正交下穿高速铁路桥梁。新建公路桥梁路面至高速铁路桥梁梁底净空须不小于5.20 m;新建公路桥梁桥面宽××.×× m;新建公路桥梁下穿高速铁路桥梁两侧采用5.00 m高的加强防撞墙(3.60 m高加强型SS级钢筋混凝土防撞墙+1.40 m高钢结构防护栏),新建公路桥梁外缘距高速铁路桥梁承台边缘水平最小距离×.×× m,按双向两端设限高防护架(限高5.00 m),双向两端限高防护架距高速铁路桥梁外缘不小于50 m。

(2)明确是否需要优化施工期间铁路排水方案;该桥梁工程不得恶化既有铁路排水等条件;桥梁排水引入道路排水系统,桥梁排水、照明等纳入地方管理;排水泵站须设于铁路安全保护区外。

(3)明确是否原则同意或是否需要优化下穿铁路处铁路工务、通信、电力等设备设施过渡设计。地方拆迁由该工程项目建设单位负责。

(4)为确保铁路运输安全,该桥梁下穿铁路工程须依法组织建设,施工、监理须由具有相应铁路资质的单位承担。

(5)该工程项目建设单位就租用铁路土地使用权等相关问题须与铁路土地使用权所属单位依法签订相关协议,办理相关手续。

(6)在任何情况下,因该桥梁设备设施及运用等影响铁路新建、改扩建、大修、维修等时，产权单位须无条件对以上设备设施进行及时拆迁和及时配合。

(7)在确保铁路运输安全的原则下，施工单位须科学合理编制施工组织、安全措施，报铁路局审批，并与铁路局相关设备管理单位签订施工安全配合协议并认真执行，取得施工许可后再行按规施工。

(8)该工程项目建设单位必须对该工程的设计安全、施工安全等相关安全切实全面、全过程负责，该工程产权单位必须对该工程的使用安全等相关安全切实全面、全过程负责。铁路局审查只对该工程必须确保铁路运输绝对安全、必须满足铁路现在运营需要和将来发展需要、必须符合铁路有关规定下同意在上述处下穿铁路提出明确要求，该工程项目建设单位、产权单位必须确保认真执行以上等有关要求。在该工程建成后，因该工程设备设施及运用等原因造成的事故和损失由产权单位负责和承担；竣工后，产权单位必须及时向铁路局相关部门和单位交付下穿处的竣工资料及有关单位联系方式，以利于事故时及时联系和抢修，减少事故造成的损失和铁路运维管理等。

(9)其他事宜按铁路有关规定办理。

5.6　桥梁上跨高速铁路工程方案、设计审查要求具体做法

1. 公路桥梁上跨高速铁路工程方案设计审查要求具体做法

(1)在满足铁路长远发展需要、确保铁路运输安全、满足铁路运输条件要求的原则下，原则同意××公路桥梁在××高速铁路 K×××+×××.××处采用何种方式(如:53.00 m+53.00 m+34.00 m+34.00 m 混凝土连续箱梁等)直线正交上跨高速铁路，新建公路桥梁跨铁路上部结构采用何种方法施工(如:转体施工等)，新建公路桥梁梁底至高速铁路轨顶最小净空须不小于 8.20 m，新建公路桥梁桥面宽××.×× m。

（2）新建公路桥梁上跨铁路部分按全封闭设计，新建公路桥梁须考虑可能通行的最大活载并按规定留足荷载安全储备，按照相关规定设置一层超SS级防撞墙（3.60 m高加强型SS级钢筋混凝土防撞墙+1.40 m高钢结构防护栏）和一层防落物墙（3.60 m高加强型SS级钢筋混凝土防撞墙，与超SS级防撞墙相距3.00 m）、防坠物等安全设施及检修条件；新建公路桥梁两端应设置限速、限载标识及减速装置。

（3）明确是否需要优化施工期间铁路排水方案；该桥梁工程不得恶化既有铁路排水等条件；桥梁排水引入道路排水系统，桥梁排水等纳入地方管理。

（4）明确是否原则同意或是否需要优化上跨铁路处铁路工务、接触网、通信、信号、电力等设备设施过渡设计。地方拆迁由该工程项目建设单位负责。

（5）为确保铁路运输安全，该桥梁上跨铁路工程须依法组织建设，施工、监理须由具有相应铁路资质的单位承担。

（6）该工程项目建设单位就租用铁路土地使用权等相关问题须与铁路土地使用权所属单位依法签订相关协议，办理相关手续。

（7）在任何情况下，因该桥梁设备设施及运用等影响铁路新建、改扩建、大修、维修等时，产权单位须无条件对以上设备设施进行及时拆迁和及时配合。

（8）该工程项目建设单位必须对该工程的设计安全、施工安全等相关安全切实全面、全过程负责，该工程产权单位必须对该工程的使用安全等相关安全切实全面、全过程负责。铁路局审查只对该工程必须确保铁路运输绝对安全、必须满足铁路现在运营需要和将来发展需要、必须符合铁路有关规定下同意在上述处下穿铁路提出明确要求，该工程项目建设单位、产权单位必须确保认真执行以上等有关要求。在该工程建成后，因该工程设备设施及运用等原因造成的事故和损失由产权单位负责和承担；竣工后，产权单位必须及时向铁路局相关部门和单位交付下穿处的竣工资料及有关单位联系方式，以利于事故时及时联系和抢修，减少事故造成的损失和铁路运维管理等。

(9)其他事宜按铁路有关规定办理。

2. 公路桥梁上跨高速铁路工程施工图设计审查要求具体做法

(1)在满足铁路长远发展需要、确保铁路运输安全、满足铁路运输条件要求的原则下，原则同意××公路桥梁在××高速铁路 K×××+×××.××处采用何种方式(如：53.00 m+53.00 m+34.00 m+34.00 m 混凝土连续箱梁等)直线正交上跨高速铁路，新建公路桥梁跨铁路上部结构采用何种方法施工(如：转体施工等)，新建公路桥梁梁底至高速铁路轨顶最小净空须不小于 8.20 m，新建公路桥梁桥面宽××.×× m。

(2)新建公路桥梁上跨铁路部分按全封闭设计，新建公路桥梁须考虑可能通行的最大活载并按规定留足荷载安全储备，按照相关规定设置一层超 SS 级防撞墙(3.60 m 高加强型 SS 级钢筋混凝土防撞墙+1.40 m 高钢结构防护栏)和一层防落物墙(3.60 m 高加强型 SS 级钢筋混凝土防撞墙，与超 SS 级防撞墙相距 3.00 m)、防坠物等安全设施及检修条件；新建公路桥梁两端应设置限速、限载标识及减速装置。

(3)明确是否需要优化施工期间铁路排水方案；该桥梁工程不得恶化既有铁路排水等条件；桥梁排水引入道路排水系统，桥梁排水等纳入地方管理。

(4)明确是否原则同意或是否需要优化上跨铁路处铁路工务、接触网、通信、信号、电力等设备设施过渡设计。地方拆迁由该工程项目建设单位负责。

(5)为确保铁路运输安全，该桥梁上跨铁路工程须依法组织建设，施工、监理须由具有相应铁路资质的单位承担。

(6)该工程项目建设单位就租用铁路土地使用权等相关问题须与铁

路土地使用权所属单位依法签订相关协议,办理相关手续。

(7)在任何情况下,因该桥梁设备设施及运用等影响铁路新建、改扩建、大修、维修等时,产权单位须无条件对以上设备设施进行及时拆迁和及时配合。

(8)在确保铁路运输安全的原则下,施工单位须科学合理编制施工组织、安全措施,报铁路局审批,并与铁路局相关设备管理单位签订施工安全配合协议并认真执行,取得施工许可后再行按规施工。

(9)该工程项目建设单位必须对该工程的设计安全、施工安全等相关安全切实全面、全过程负责,该工程产权单位必须对该工程的使用安全等相关安全切实全面、全过程负责。铁路局审查只对该工程必须确保铁路运输绝对安全、必须满足铁路现在运营需要和将来发展需要、必须符合铁路有关规定下同意在上述处下穿铁路提出明确要求,该工程项目建设单位、产权单位必须确保认真执行以上等有关要求。在该工程建成后,因该工程设备设施及运用等原因造成的事故和损失由产权单位负责和承担;竣工后,产权单位必须及时向铁路局相关部门和单位交付下穿处的竣工资料及有关单位联系方式,以利于事故时及时联系和抢修,减少事故造成的损失和铁路运维管理等。

(10)其他事宜按铁路有关规定办理。

5.7 轨道桥梁上跨高速铁路工程方案、设计审查要求具体做法

1. 轨道桥梁上跨高速铁路工程方案设计审查要求具体做法

(1)在满足铁路长远发展需要、确保铁路运输安全、满足铁路运输条件要求的原则下,原则同意××轨道桥梁在××高速铁路K×××+×××.××处采用何种方式(如:15.00 m+25.00 m+25.00 m+15.00 m连续钢箱梁等)直线正交上跨高速铁路,新建轨道桥梁跨铁路上部结构

采用何种方法施工(如:转体施工等),新建轨道桥梁梁底至高速铁路轨顶最小净空须不小于8.20 m,新建轨道桥梁桥面宽××.×× m。

(2)新建轨道桥梁上跨铁路部分按全封闭设计,新建轨道桥梁须考虑可能通行的最大活载并按规定留足荷载安全储备,按照相关规定设置一层超SS级防撞墙(3.60 m高加强型SS级钢筋混凝土防撞墙+1.40 m高钢结构防护网)和一层防落物墙(3.60 m高加强型SS级钢筋混凝土防撞墙,与超SS级防撞墙相距3.00 m)、防坠物等安全设施及检修条件;新建轨道桥梁两端应设置警告、限速标识等。

(3)明确是否需要优化施工期间铁路排水方案;该桥梁工程不得恶化既有铁路排水等条件;桥梁排水引入道路排水系统,桥梁排水等纳入地方管理。

(4)明确是否原则同意或是否需要优化上跨铁路处铁路工务、接触网、通信、信号、电力等设备设施过渡设计。地方拆迁由该工程项目建设单位负责。

(5)为确保铁路运输安全,该桥梁上跨铁路工程须依法组织建设,施工、监理须由具有相应铁路资质的单位承担。

(6)该工程项目建设单位就租用铁路土地使用权等相关问题须与铁路土地使用权所属单位依法签订相关协议,办理相关手续。

(7)在任何情况下,因该桥梁设备设施及运用等影响铁路新建、改扩建、大修、维修等时,产权单位须无条件对以上设备设施进行及时拆迁和及时配合。

(8)该工程项目建设单位必须对该工程的设计安全、施工安全等相关安全切实全面、全过程负责,该工程产权单位必须对该工程的使用安全等相关安全切实全面、全过程负责。铁路局审查只对该工程必须确保铁路运输绝对安全、必须满足铁路现在运营需要和将来发展需要、必须符合铁路有关规定下同意在上述处下穿铁路提出明确要求,该工程项目建设单位、产权单位必须确保认真执行以上等有关要求。在该工程建成后,因该工程设备设施及运用等原因造成的事故和损失由产权单位负责和承担;竣工后,产权单位必须及时向铁路局相关部门和单位交付下穿处的竣工资料及有关单位联系方式,以利于事故时及时联系和抢修,减少事故造成的损失和铁路运维管理等。

(9)其他事宜按铁路有关规定办理。

2. 轨道桥梁上跨高速铁路工程施工图设计审查要求具体做法

(1)在满足铁路长远发展需要、确保铁路运输安全、满足铁路运输条件要求的原则下,原则同意××轨道桥梁在××高速铁路K×××+×××.××处采用何种方式(如:15.00 m+25.00 m+25.00 m+15.00 m连续钢箱梁等)直线正交上跨高速铁路,新建轨道桥梁跨铁路上部结构采用何种方法施工(如:转体施工等),新建轨道桥梁梁底至高速铁路轨顶最小净空须不小于8.20 m,新建轨道桥梁桥面宽××.×× m。

(2)新建轨道桥梁上跨铁路部分按全封闭设计,新建轨道桥梁须考虑可能通行的最大活载并按规定留足荷载安全储备,按照相关规定设置一层超SS级防撞墙(3.60 m高加强型SS级钢筋混凝土防撞墙+1.40 m高钢结构防护网)和一层防落物墙(3.60 m高加强型SS级钢筋混凝土防撞墙,与超SS级防撞墙相距3.00 m)、防坠物等安全设施及检修条件;新建轨道桥梁两端应设置警告、限速标识等。

(3)明确是否需要优化施工期间铁路排水方案;该桥梁工程不得恶化既有铁路排水等条件;桥梁排水引入道路排水系统,桥梁排水等纳入地方管理。

(4)明确是否原则同意或是否需要优化上跨铁路处铁路工务、接触网、通信、信号、电力等设备设施过渡设计。地方拆迁由该工程项目建设单位负责。

(5)为确保铁路运输安全,该桥梁上跨铁路工程须依法组织建设,施工、监理须由具有相应铁路资质的单位承担。

(6)该工程项目建设单位就租用铁路土地使用权等相关问题须与铁路土地使用权所属单位依法签订相关协议,办理相关手续。

(7)在任何情况下,因该桥梁设备设施及运用等影响铁路新建、改扩建、大修、维修等时,产权单位须无条件对以上设备设施进行及时拆迁和及时配合。

(8)在确保铁路运输安全的原则下,施工单位须科学合理编制施工组织、安全措施,报铁路局审批,并与铁路局相关设备管理单位签订施工安全配合协议并认真执行,取得施工许可后再行按规施工。

(9)该工程项目建设单位必须对该工程的设计安全、施工安全等相关安全切实全面、全过程负责,该工程产权单位必须对该工程的使用安全等相关安全切实全面、全过程负责。铁路局审查只对该工程必须确保铁路运输绝对安全、必须满足铁路现在运营需要和将来发展需要、必须符合铁路有关规定下同意在上述处下穿铁路提出明确要求,该工程项目建设单位、产权单位必须确保认真执行以上等有关要求。在该工程建成后,因该工程设备设施及运用等原因造成的事故和损失由产权单位负责和承担;竣工后,产权单位必须及时向铁路局相关部门和单位交付下穿处的竣工资料及有关单位联系方式,以利于事故时及时联系和抢修,减少事故造成的损失和铁路运维管理等。

(10)其他事宜按铁路有关规定办理。

第 6 章　U 形槽和箱形结构下穿高速铁路工程

6.1　U 形槽和箱形结构下穿高速铁路工程的有关规定

采用 U 形槽和箱形结构下穿高速铁路桥梁时，应遵守道路、桥梁下穿高速铁路桥梁工程的有关规范（标准、规定）等有关要求。

6.2　U 形槽和箱形结构下穿高速铁路桥梁工程的有关方式

1. 有关工程最好以桥梁形式下穿高速铁路桥梁，当高速铁路桥梁下净空不够时，可采用 U 形槽形式下穿高速铁路桥梁。根据现场实际情况，视情况可采取单纯 U 形槽、U 形槽及在其两侧与高速铁路桥梁承台之间设置防护桩隔离墙、U 形槽及在其两端高速铁路桥梁投影线范围外且高速铁路桥墩影响区范围外设置桩基等方式下穿高速铁路桥梁。即在地质条件较好（地层基本承载力强）的情况下，可直接采用 U 形槽形式下穿高速铁路桥梁；在地质条件不良（地层基本承载力不强）的情况下，视情况可采取 U 形槽及在其两侧与高速铁路桥梁承台之间设置防护桩隔离墙、在高速铁路桥梁投影线范围外且高速铁路桥墩影响区范围外设置钻孔桩并 U 形槽置于钻孔桩上（即桩板结构形式）等方式下穿高速铁路桥梁，以减少 U 形槽施工和使用过程中对高速铁路桥梁产生的不利影响。

2. 当高速铁路桥梁下地面下挖深度超过 1.00 m 时，宜采用 U 形槽结构下穿；当下挖深度较大时，箱形结构能满足通行限界要求时，U 形槽结构可改为箱形结构。

6.3　U 形槽和箱形结构下穿高速铁路桥梁工程的工作要点

1. U 形槽和箱形结构下穿高速铁路桥梁时,应尽量直线正交。

2. U 形槽和箱形结构顺道路方向的长度除应超出高速铁路桥梁投影线以外 20 m 范围外,还应延伸至底板高于地下水位为止,以避免地下水渗入到结构内及地下水渗流影响高速铁路桥梁。

3. U 形槽和箱形结构的边墙应具备防撞功能,以保护高速铁路桥墩。

4. 当 U 形槽基坑不需做支护结构且 U 形槽底板高于桥梁承台面时,U 形槽边墙投影线不应与高速铁路桥梁承台重叠;当 U 形槽埋深低于桥梁承台面时,为满足施工条件需要和使用后维修作业需要,U 形槽与高速铁路桥梁承台边缘净距应不小于 3.00 m。

5. 对于采取下挖基坑并在基坑内现浇 U 形槽和箱形结构的情况,高速铁路桥梁下土体开挖会影响高速铁路安全,一般应采用基坑围护结构,使其在施工过程中对高速铁路的影响控制在铁路部门相关规定的范围内。对于地下水位较高,基坑开挖需要坑内降水的,会影响高速铁路安全,应在围护结构外侧设置止水帷幕,以减轻坑内降水对高速铁路产生的不利影响。

6. 对于采取下挖基坑并在基坑内现浇 U 形槽和箱形结构的情况,考虑到打入桩振动力及桩插入时对土体的挤压力会对高速铁路桥梁产生不利影响,高速铁路桥梁下基坑围护结构宜采用钻孔桩。考虑到高压旋喷桩喷浆时压力较大,会对高速铁路桥梁产生不利影响,止水帷幕宜采用钢板桩结合水泥压浆或水泥搅拌桩的方法;当高速铁路桥梁下作业净空不够时,止水帷幕不应采用水泥搅拌桩的方法。

7. 对于采取下挖基坑并在基坑内现浇 U 形槽和箱形结构的情况,基坑应进行基坑整体稳定性、桩底抗隆起、坑底抗隆起、抗倾覆、抗渗(或管涌)、变形等相关验算,基坑应按安全等级一级进行设计。

8. 采用U形槽和箱形结构下穿高速铁路桥梁时,应科学合理设计U形槽和箱形结构的排水系统。

9. 采用U形槽和箱形结构下穿高速铁路桥梁时,U形槽和箱形结构节段之间应采取可靠的止水措施,U形槽和箱形结构外侧应采取可靠的防水措施。同时,U形槽和箱形结构节段缝应避免设置在高速铁路桥梁投影线范围内,以避免因节段缝产生的有关问题对高速铁路桥梁产生不利影响。

10. 采用U形槽和箱形结构下穿高速铁路桥梁时,U形槽和箱形结构施工应根据现场地形、桥下净高、桥下净宽等因素,选择采用设置基坑原位现浇或桥址外设置工作坑顶进到位的施工方案。当高速铁路桥下净高无法进行围护结构施工,先降土又危及高速铁路安全;以及当高速铁路桥下净宽满足不了布置围护结构,又必须从该高速铁路桥梁下穿时,可考虑在高速铁路外侧设置有围护的工作坑,工作坑须满足整体稳定性、抗倾覆稳定性、抗隆起稳定性及对高速铁路的影响控制在铁路部门要求的范围内等要求,U形槽和箱形结构在坑内进行预制,然后带土顶进,完成高速铁路桥梁下U形槽和箱形结构施工。

11. 对于采取下挖基坑并在基坑内现浇U形槽和箱形结构的情况,从安全角度考虑,基坑开挖应分层、对称进行,弃土应堆放在高速铁路影响区范围外。

12. 对于采取下挖基坑并在基坑内现浇U形槽和箱形结构的情况,基坑开挖过程中应及时加撑;应根据设计要求在高度上分节施工,分层拆撑。

13. 采用U形槽和箱形结构下穿高速铁路桥梁时,考虑到下穿处的实际地质情况与设计采用的地质情况可能存在一定的差异,计算中参数取值可能存在一定的误差，计算模拟与实际施工过程可能存在一定的差别，为确保高速铁路桥梁在 U 形槽和箱形结构施工中的安全，施工过程中须对高速铁路桥梁的变化情况进行实时监测，使其能及时、正确反映各阶段施工过程对高速铁路桥梁的影响。同时在基坑开挖及坑内 U 形槽和箱形结构的施工过程中，应实时做好基坑稳定性和变形监测，确保基坑的各项监测指标处于安全范围之内。

6.4　U 形槽下穿高速铁路桥梁工程方案、设计审查要求具体做法

1. U 形槽下穿高速铁路桥梁工程方案设计审查要求具体做法

(1)在满足铁路长远发展需要、确保铁路运输安全、满足铁路运输条件要求的原则下，原则同意××公路在××高速铁路 K×××+×××.××处铁路桥梁下采用钢筋混凝土 U 形槽形式直线正交下穿高速铁路桥梁。新建 U 形槽路面至高速铁路桥梁梁底净空须不小于 5.20 m；新建 U 形槽总长度××.×× m，总宽度××.×× m，总高度××.×× m；新建 U 形槽下穿高速铁路桥梁两侧采用 5.00 m 高的加强防撞墙(3.60 m 高加强型 SS 级钢筋混凝土防撞墙 +1.40 m 高钢结构防护栏)，新建 U 形槽外缘距高速铁路桥梁承台边缘最小距离×.×× m，按双向两端设限高防护架(限高 5.00 m)，双向两端限高防护架距高速铁路桥梁外缘不小于 50 m。

(2)新建下穿高速铁路桥梁的 U 形槽机动车道净空须不小于限高防护架的限高。

(3)明确是否需要优化施工期间铁路排水方案；该 U 形槽工程不得恶化既有铁路排水等条件；U 形槽排水引入道路排水系统，U 形槽排水、通风、照明等纳入地方管理；排水泵站须设于铁路安全保护区外。

(4)明确是否原则同意或是否需要优化下穿铁路处铁路工务、通信、电力等设备设施过渡设计。地方拆迁由该工程项目建设单位负责。

(5)为确保铁路运输安全,该U形槽下穿铁路工程须依法组织建设,施工、监理须由具有相应铁路资质的单位承担。

(6)该工程项目建设单位就租用铁路土地使用权等相关问题须与铁路土地使用权所属单位依法签订相关协议,办理相关手续。

(7)在任何情况下,因该U形槽设备设施及运用等影响铁路新建、改扩建、大修、维修等时,产权单位须无条件对以上设备设施进行及时拆迁和及时配合。

(8)该工程项目建设单位必须对该工程的设计安全、施工安全等相关安全切实全面、全过程负责,该工程产权单位必须对该工程的使用安全等相关安全切实全面、全过程负责。铁路局审查只对该工程必须确保铁路运输绝对安全、必须满足铁路现在运营需要和将来发展需要、必须符合铁路有关规定下同意在上述处下穿铁路提出明确要求,该工程项目建设单位、产权单位必须确保认真执行以上等有关要求。在该工程建成后,因该工程设备设施及运用等原因造成的事故和损失由产权单位负责和承担;竣工后,产权单位必须及时向铁路局相关部门和单位交付下穿处的竣工资料及有关单位联系方式,以利于事故时及时联系和抢修,减少事故造成的损失和铁路运维管理等。

(9)其他事宜按铁路有关规定办理。

2. U形槽下穿高速铁路桥梁工程施工图设计审查要求具体做法

(1)在满足铁路长远发展需要、确保铁路运输安全、满足铁路运输条件要求的原则下,原则同意××公路在××高速铁路K×××+×××.××处铁路桥梁下采用钢筋混凝土U形槽形式直线正交下穿高速铁路桥梁,采用现浇方式施工。新建U形槽路面至高速铁路桥梁梁底净空须不小于 5.20 m;新建 U 形槽总长度 ××.×× m,总宽度 ××.×× m,总高度 ××.×× m;新建 U 形槽下穿高速铁路桥梁两侧采用 5.00 m 高的加强防撞墙(3.60 m 高加强型 SS 级钢筋混凝土防撞墙 +1.40 m 高钢结构防护栏),新建 U 形槽外缘距高速铁路桥梁承台边缘最小距离 ×.×× m,按双向两端设限高防护架(限高 5.00 m),双向两端限高防护架距高速铁路桥梁外缘不小于 50 m。

(2)明确是否需要优化施工期间铁路排水方案;该 U 形槽工程不得恶化既有铁路排水等条件;U 形槽排水引入道路排水系统,U 形槽排水、通风、照明等纳入地方管理;排水泵站须设于铁路安全保护区外。

(3)明确是否原则同意或是否需要优化下穿铁路处铁路工务、通信、电力等设备设施过渡设计。

(4)地方相关拆迁、防护工作由该工程项目建设单位负责。

(5)为确保铁路运输安全,该 U 形槽下穿铁路工程须依法组织建设,施工、监理须由具有相应铁路资质的单位承担。

(6)该工程项目建设单位就租用铁路土地使用权等相关问题须与铁路土地使用权所属单位依法签订相关协议,办理相关手续。

(7)在任何情况下,因该 U 形槽设备设施及运用等影响铁路新建、改扩建、大修、维修等时,产权单位须无条件对以上设备设施进行及时拆迁和及时配合。

(8)在确保铁路运输安全的原则下,施工单位须科学合理编制施工组织、安全措施,报铁路局审批,并与铁路局相关设备管理单位签订施工安全配合协议并认真执行,取得施工许可后再行按规施工。

(9)该工程项目建设单位必须对该工程的设计安全、施工安全等相关安全切实全面、全过程负责,该工程产权单位必须对该工程的使用安全等相关安全切实全面、全过程负责。铁路局审查只对该工程必须确保铁路运输绝对安全、必须满足铁路现在运营需要和将来发展需要、必须符合铁路有关规定下同意在上述处下穿铁路提出明确要求,该工程项目建设单位、产权单位必须确保认真执行以上等有关要求。在该工程建成后,因该工程设备设施及运用等原因造成的事故和损失由产权单位负责和承担;竣工后,产权单位必须及时向铁路局相关部门和单位交付下穿处的竣工资料及有关单位联系方式,以利于事故时及时联系和抢修,减少事故造成的损失和铁路运维管理等。

(10)其他事宜按铁路有关规定办理。

第7章　河渠下穿高速铁路工程

7.1　河渠下穿高速铁路工程的有关规定

《高速铁路设计规范》(TB 10621—2014)中规定，高速铁路桥墩墩柱可能受到汽车(船舶)撞击时，宜设置防护工程。同时，河渠下穿高速铁路桥梁时，还应遵守其他有关规范(标准、规定)等要求。

7.2　河渠下穿高速铁路桥梁工程的工作要点

1. 河渠下穿高速铁路桥梁时，应尽量直线正交。

2. 河渠下穿高速铁路桥梁时，河渠断面形式可根据具体情况采用梯形、矩形(U形槽)、封闭框架等断面形式，应做多方案比较分析，以高速铁路安全风险小的方案作为首选方案。为尽量减少河渠工程墩侧卸载对高速铁路桥墩稳定性的影响，应首选矩形或闭合框架等断面形式；河渠工程应采用围护桩围护，尽量少挖土。

3. 河渠下穿高速铁路桥梁时，对既有高速铁路桥墩影响因素较多，主要有气象、水文、地形、地质、河渠断面、施工方法、以及既有高速铁路桥梁孔跨和基础结构类型等因素，其具体安全防护范围应根据具体情况分析论证确定，一般在铁路安全保护区外20 m范围内应采取护岸、护底等有效措施，避免河渠冲刷、渗水对高速铁路桥梁基础的不利影响。

4. 河渠下穿高速铁路桥梁时，其安全防护范围内永久防护工程 应按铁路工程主体结构标准进行设计、施工；选择防护方式时应重点考虑降低对桥梁结构、地层结构的影响，以及施工简便等因素；施工方法、施工设备的选择等，应尽量减少对高速铁路运营的影响。

5. 河渠下穿高速铁路桥梁时，河渠驳岸距高速铁路桥墩距离应满足有关规定要求。

6. 河渠下穿高速铁路桥梁时，在河渠渗水情况下，地基土强度和稳定性会下降；河渠渗水对地基土形成水头差较大时，也会对高速铁路桥梁地基基础稳定性产生不利影响。因此，河渠下穿高速铁路应分析河渠渗水对桥梁周围地层结构的不利影响，必要时，提高河渠防渗标准，加强河渠防渗处理；采取河渠地基基础抗渗措施，做好地基基础抗渗处理；防渗范围需经论证分析确定。当河渠开挖需抽取地下水时，应分析对高速铁路桥梁的影响。

7. 河渠下穿高速铁路桥梁时，河渠上应沿铁路方向设置跨河渠通道，以便铁路检修人员、车辆通过。

8. 河渠下穿高速铁路桥梁时，河渠下穿高速铁路的设计方案、施工组织、安全措施等文件应经铁路主管部门批准，满足高速铁路安全运营和正常运营需要。工程项目建设单位应会同铁路有关部门、单位，建立并落实施工期间相应的安全保障和安全预警办法、机制。

9. 为确保高速铁路运营安全，高速铁路桥梁下河渠在洪水期不应漫堤，高速铁路桥梁下的新建河渠应采取防洪保护措施，其防护等级应为一级，防洪标准（重现期）应为：设计标准（设计标准是指当发生小于或等于该标准的洪水时，应保证保护对象的安全和防洪设施的正常运行）采用100年，校核标准（校核标准是指当发生该标准的洪水时，采取非常运用措施，在保障主要防护对象安全的前提下，允许次要构筑物局部或不同程度的损坏，次要防护对象受到一定的损失）采用300年。

10. 河渠下穿高速铁路桥梁时，高速铁路桥梁下的新建河渠护岸结构的安全等级应为一级。由于施工条件限制及环境保护要求，高速铁路桥梁下一般不允许采用挤土桩。高速铁路桥梁下新建河渠应采用直立式断面形式，可使施工期间挖土卸载较其他断面形式对高速铁路桥梁的影响小。

11. 河渠下穿高速铁路桥梁时，为减少水流冲刷对高速铁路桥墩的影响，高速铁路安全保护区内的河渠应采用浆砌片石铺砌（当采用U形槽结构断面形式时，可不必再铺砌），高速铁路桥梁下铁路安全防护范围内的新建河渠首选直立式岸坡，采用钢筋混凝土灌注桩或其他静压桩护岸，必要时河渠可采用闭合的钢筋混凝土封闭框架断面形式，也可采用T形或U形槽结构等断面形式。河渠宜采用U形槽结构断面形式、围护桩围护、明挖法施工，可使施工期间对高速铁路桥墩桩基的影响较小；同时采用U形槽结构断面形式，可避免水流冲刷问题，对高速铁路桥墩桩基的长久保护有利。

12. 河渠下穿高速铁路桥梁时，高速铁路安全保护区内的河渠，一般情况下应采用钢筋混凝土、混凝土或浆砌片石铺砌。

13. 河渠下穿高速铁路桥梁时，应做好高速铁路桥梁下河渠与两端河渠的顺接，做好河渠的顺坡设计，使水流顺畅，减少其回水、回流，减少水流的冲刷、紊流及淤积等问题。

14. 河渠下穿高速铁路桥梁时，在大多数情况下，河渠施工对高速铁路桥梁都会有一定的影响，当河渠下穿高速铁路桥梁设计和施工方案比较复杂，难以直观确定工程实施对高速铁路桥梁的影响时，应对河渠的设计和施工方案进行专项安全论证，为得到桥墩位移等具体数值，可根据需要建立数学模型进行模拟分析等，并根据分析结果制定相应的对策和措施。

7.3　河渠下穿高速铁路桥梁工程方案、设计审查要求具体做法

1. 河渠下穿高速铁路桥梁工程方案设计审查要求具体做法

（1）在满足铁路长远发展需要、确保铁路运输安全、满足铁路运输条件要求的原则下，原则同意××明渠在××高速铁路K×××+×××.××处铁路桥梁下采用钢筋混凝土U形槽形式直线正交下穿高速铁路桥梁。新建

U形槽总长度××.××m,总宽度××.××m,总高度××.××m;新建U形槽外缘距高速铁路桥梁承台边缘最小距离×.××m;新建U形槽须做好强度、耐久性、可靠性和防渗等设计。

(2)明确是否原则同意或是否需要优化下穿铁路处铁路工务、通信、电力等设备设施过渡设计,明确是否需要优化铁路桥基防护、加固等设计方案。地方拆迁由该工程项目建设单位负责。

(3)为确保铁路运输安全,该明渠下穿铁路工程须依法组织建设,施工、监理须由具有相应铁路资质的单位承担。

(4)该工程项目建设单位就租用铁路土地使用权等相关问题须与铁路土地使用权所属单位依法签订相关协议,办理相关手续。

(5)在任何情况下,因该明渠设备设施及运用等影响铁路新建、改扩建、大修、维修等时,产权单位须无条件对以上设备设施进行及时拆迁和及时配合。

(6)该工程项目建设单位必须对该工程的设计安全、施工安全等相关安全切实全面、全过程负责,该工程产权单位必须对该工程的使用安全等相关安全切实全面、全过程负责。铁路局审查只对该工程必须确保铁路运输绝对安全、必须满足铁路现在运营需要和将来发展需要、必须符合铁路有关规定下同意在上述处下穿铁路提出明确要求,该工程项目建设单位、产权单位必须确保认真执行以上等有关要求。在该工程建成后,因该工程设备设施及运用等原因造成的事故和损失由产权单位负责和承担;竣工后,产权单位必须及时向铁路局相关部门和单位交付下穿处的竣工资料及有关单位联系方式,以利于事故时及时联系和抢修,减少事故造成的损失和铁路运维管理等。

(7)其他事宜按铁路有关规定办理。

2. 河渠下穿高速铁路桥梁工程施工图设计审查要求具体做法

(1)在满足铁路长远发展需要、确保铁路运输安全、满足铁路运输条件要求的原则下,原则同意××明渠在××高速铁路K×××+×××.××处铁路桥梁下采用钢筋混凝土U形槽形式直线正交下穿高速铁路桥梁,采用现浇方式施工。新建U形槽总长度××.×× m,总宽度××.×× m,总高度××.×× m;新建U形槽外缘距高速铁路桥梁承台边缘最小距离×.×× m;新建U形槽须做好强度、耐久性、可靠性和防渗等设计与施工,在高速铁路桥梁投影范围外且高速铁路桥墩影响区外采用钻孔桩,U形槽置于钻孔桩上,以减少U形槽施工和使用过程中对高速铁路桥梁的影响。

(2)明确是否原则同意或是否需要优化下穿铁路处铁路工务、通信、电力等设备设施过渡设计,明确是否需要优化铁路桥基防护、加固等设计方案。地方拆迁由该工程项目建设单位负责。

(3)为确保铁路运输安全,该明渠下穿铁路工程须依法组织建设,施工、监理须由具有相应铁路资质的单位承担。

(4)该工程项目建设单位就租用铁路土地使用权等相关问题须与铁路土地使用权所属单位依法签订相关协议,办理相关手续。

(5)在任何情况下,因该明渠设备设施及运用等影响铁路新建、改扩建、大修、维修等时,产权单位须无条件对以上设备设施进行及时拆迁和及时配合。

(6)在确保铁路运输安全的原则下,施工单位须科学合理编制施工组织、安全措施,报铁路局审批,并与铁路局相关设备管理单位签订施工安全配合协议并认真执行,取得施工许可后再行按规施工。

(7)该工程项目建设单位必须对该工程的设计安全、施工安全等相关安全切实全面、全过程负责,该工程产权单位必须对该工程的使用安全等相关安全切实全面、全过程负责。铁路局审查只对该工程必须确保铁路运输绝对安全、必须满足铁路现在运营需要和将来发展需要、必须符合铁路有关规定下同意在上述处下穿铁路提出明确要求,该工程项目建设单位、产权单位必须确保认真执行以上等有关要求。在该工程建成后,因该工程设备设施及运用等原因造成的事故和损失由产权单位负责和承担;竣工后,产权单位必须及时向铁路局相关部门和单位交付下穿处的竣工资料及有关单位联系方式,以利于事故时及时联系和抢修,减少事故造成的损失和铁路运维管理等。

(8)其他事宜按铁路有关规定办理。

第 8 章　电线路穿跨高速铁路工程

8.1　电线路穿跨高速铁路工程的有关规定

8.1.1　《铁路技术管理规程(高速铁路部分)》(TG/01—2014)中的有关规定

1. 架空电线路跨越接触网时,应符合表 8-1 和表 8-2 的规定。

表 8-1　跨越接触网的架空电线路与接触网的垂直距离表

跨越接触网的电力线路电压等级(kV)	电力线至接触网的垂直距离(mm)
35 以上至 110	≥3 000
220	≥4 000
330	≥5 000
500	≥6 000

表 8-2　跨越接触网的超高压架空电线路距轨面最小垂直距离表

跨越接触网的电力线路电压等级(kV)	距轨面最小垂直距离(mm)
750	21 500
1 000	27 000(单回)
	25 000(双回)
直流 ±800	21 500

35 kV 及以下的电线路(包括通信线路、广播电视线路等)不得跨越接触网,应由地下穿过铁路。

接触网支柱不应附挂通信、有线电视等非供电线路设施,特殊情况需附挂时,应经铁路总公司批准。

2. 电力线路的电杆内缘至线路中心的水平距离不小于杆高加 3 100 mm。

8.1.2 《铁路电力设计规范》(TB 10008—2015)中的有关规定

1. 架空电力线路与铁路交叉或接近时,最小水平距离应符合表 8-3 要求。

表 8-3 架空电力线路与铁路交叉或接近最小水平距离表

铁路类型	标准轨距铁路	窄轨铁路	电气化铁路	200 km/h 及以上铁路 200 km/h 以下仅运行动车组铁路
线路电压(kV)	杆塔外缘至轨道中心最小水平距离(m)			
35 ~ 66	平行:杆塔高加 3.1 交叉:30			
110	平行:杆塔高加 3.1,无法满足时可通过双方协商确定 交叉:杆塔高加 3.1,无法满足时可通过双方协商,适当减少,但不得小于 30			
220				
330				
500				
750				
1 000	平行:杆塔高加 3.1,无法满足时可通过双方协商确定 交叉:杆塔高加 3.1,无法满足时可通过双方协商,适当减少,但不得小于 40			
±500				
±660				
±800				

2. 跨越干线铁路正线的架空电力线路应采用独立耐张段。

3. 500 kV 及以下架空电力线路与铁路交叉角度不宜小于 30°;500 kV 以上及直流输电架空电力线路与铁路交叉角度不宜小于 45°,困难情况下可协商确定。

8.1.3 《中国铁路总公司运输局关于加强接触网上跨电线路管理的通知》(运供供电函〔2015〕382 号)中的有关规定

为规范电气化铁路安全管理,减少接触网上跨电线路侵限对铁路运输安全和秩序的影响,加强接触网上跨电线路的管理,根据《铁路技术管理规程》、《电气化铁路有关人员电气安全规则》、《高速铁路接触网故障抢修规则》、《接触网故障抢修规则》等规章，中国铁路总公司运输局制定发布的《中国铁路总公司运输局关于加强接触网上跨电线路管理的通知》（运供供电函〔2015〕382 号）规定如下。

1. 一般规定：

（1）35 kV 及以下的电线路（包括通信线路、广播电视线路等）不得跨越高速铁路接触网；35 kV 以下的电线路（包括通信线路、广播电视线路等）不得跨越普速铁路接触网。

（2）跨越接触网的架空电线路与接触网的垂直距离（或距轨面最小垂直距离）应符合表 8-4 和表 8-5 规定。

表 8-4　跨越接触网的架空电线路与接触网的垂直距离表

跨越接触网的电力线路电压等级（kV）	电力线至接触网的垂直距离（mm）
35 以上至 110	≥3 000
220	≥4 000
330	≥5 000
500	≥6 000

表 8-5　跨越接触网的超高压架空电线路距轨面最小垂直距离表

跨越接触网的电力线路电压等级（kV）	距轨面最小垂直距离（mm）
750	21 500
1 000	27 000（单回）
	25 000（双回）
直流 ±800	21 500

（3）跨越接触网的架空电线路搭接接触网或与接触网的垂直距离（或距轨面最小垂直距离）小于上表规定距离时为侵限。

（4）对不满足（1）、（2）规定的既有上跨电线路，铁路局应积极联系产权单位安排整治和改造；对于已废弃的上跨电线路，应在两个月内拆除。

2. 日常管理：

(1)铁路局应组织建立上跨电线路管理台账，台账内容至少包括：上跨电线路所处铁路公里标、电压等级、产权(管理)单位、联系方式等。按照设备管理范围，具备铁路局供电处、供电调度，供电段生产科室、供电车间、接触网工区分层查询条件。

(2)铁路局供电设备管理单位应与上跨电线路产权(管理)单位签订安全互保协议，明确上跨电线路日常维护保养、异常情况下信息反馈、应急处置程序、联动方式等事项。

(3)上跨电线路运行状态纳入接触网设备巡查周期和范围，遇台风、冻雨等恶劣天气，适当加密巡查频次；重点处所可在上跨电线路下方接触网承力索、正馈线等处采取防护措施；特殊处所可通过加装视频装置进行重点监控。

(4)铁路局宜在上跨电线路杆塔或跨越线下方的接触网支柱等处所公示应急信息受理电话，接到有关上跨电线路侵限的问题或隐患信息时，应及时受理确认，同时联系产权(管理)单位配合检查处理。

(5)上跨电线路管理台账应至少每年核查一次并及时更新。

3. 施工监护：

(1)铁路局应做好新建上跨电线路设计和施工方案审查，确保跨越线的技术条件、安全防护标准等满足相关规定，及时与产权(管理)单位签订安全互保协议。

(2)根据《铁路营业线施工安全管理办法》文件有关规定，新建上跨电线路建设按照施工项目办理。

(3)铁路局应严格上跨电线路施工审批，加强施工作业过程盯控，确保施工期间接触网运行安全。

4. 应急处置：

(1)铁路局供电调度或供电段生产指挥部门应与上跨电线路产权

(管理)单位始终保持信息畅通,保证异常情况下信息的反馈与处置。

(2)铁路局应组织制定上跨电线路侵限应急预案,明确相关处置方案,提出恶劣天气等特殊条件下人员值班值守、机具布置等要求,定期组织演练。

(3)上跨电线路侵限造成接触网停电、线索断线等故障时,应充分利用分单元供电条件,缩小停电范围,满足非故障区供电条件,同时组织快速抢通线路。

(4)因上跨电线路侵限影响行车秩序时,铁路局应及时通过新闻媒体向社会宣传或通报。对上跨电线路侵限造成的故障,应按照《铁路交通事故调查处理规则》、《铁路行车设备故障调查处理办法》等相关规定,进行责任追究和经济索赔。

8.1.4　电线路穿跨高速铁路工程的其他有关规定

电线路穿跨高速铁路还应符合《110 ~ 750 kV 架空输电线路设计规范》(GB 50545—2010)、《 ± 800 kV 直流架空输电线路设计规范》(GB 50790—2013)、《1 000 kV 架空输电线路设计规范》(GB 50665—2011)、《关于特高压交直流输电线路跨越铁路有关标准的函》(铁建设函〔2009〕327 号)、《关于特高压交、直流输电线路跨越铁路有关标准的函》(国家电网特〔2008〕1234 号)、《关于印发〈国家电网公司输电线路跨(钻)越高铁设计技术要求〉的通知》(国家电网基建〔2012〕1049 号)等有关规范、标准、规定的要求。

8.2　电线路穿跨高速铁路工程有关规范(标准、规定)的理解、掌握、运用

1. 电线路有关部门应加强规划,努力做到电线路尽量不穿跨或少穿

跨高速铁路。

2. 电线路跨越(含穿越,下同)高速铁路时,为减少对高速铁路安全和运营的不利影响,应做到能合跨的不分跨,以尽量减少跨越处所数量;能直跨的不斜跨,以尽量减少跨越影响范围;能高跨的不低跨,以尽量减少跨越影响程度;能远跨的不近跨,使交叉跨越档两端的杆塔尽量远离高速铁路,以避免因杆塔等问题危及高速铁路运营安全。

3. 电线路上跨高速铁路时,新建交叉跨越档两端的杆塔位置和导线高度不应影响高速铁路将来发展。

4. 为确保高速铁路运营安全,电线路上跨高速铁路时,新建交叉跨越档两端的杆塔和导线须按保证100年及以上一遇自然灾害条件下正常工作标准进行设计、施工,确保恶劣天气情况下高速铁路运营的绝对安全。

5. 电线路上跨高速铁路时,应做好防风、防振、防高温及覆冰等安全设计。

6. 跨越干线铁路正线的架空电线路应采用独立耐张段。

7. 重点处所可在上跨电线路下方接触网承力索、正馈线等处采取防护措施;特殊处所可通过加装视频装置进行重点监控。

8. 电线路穿跨高速铁路应在符合有关规范、标准、规定等要求的基础上,进行科学合理设计,确保高速铁路运营安全,满足高速铁路现在运营需要和将来发展需要。

8.3 电线路跨越高速铁路工程施工图设计审查要求具体做法

(1)在满足铁路长远发展需要、确保铁路运输安全、满足铁路运输条件要求的原则下,原则同意×××kV输电线路在××高速铁路K×××+×××.××处跨越高速铁路。新建输电线路与高速铁路交叉角为××°,下层导线在最大弧垂时距高速铁路轨面高度大于××.××m,铁塔的外缘距邻近高速铁路线路中心水平距离大于××.××m。

(2)新建交叉跨越档两端的杆塔和导线须按保证100年及以上一遇自然灾害条件下正常工作标准进行设计、施工,确保恶劣天气情况下高速铁路运输的绝对安全。

(3)产权单位须与铁路局签订安全管理协议,该协议必须做到安全责任明确。

(4)该工程项目建设单位就租用铁路土地使用权等相关问题须与铁路土地使用权所属单位依法签订相关协议,办理相关手续。

(5)在任何情况下,因该输电线路设备设施及运用等影响铁路新建、改扩建、大修、维修等时,产权单位须无条件对以上设备设施进行及时拆迁和及时配合。

(6)在确保铁路运输安全的原则下,施工单位须科学合理编制施工组织、安全措施,报铁路局审批,并与铁路局相关设备管理单位签订施工安全配合协议并认真执行,取得施工许可后再行按规施工。

(7)该工程项目建设单位必须对该工程的设计安全、施工安全等相关安全切实全面、全过程负责,该工程产权单位必须对该工程的使用安全等相关安全切实全面、全过程负责。铁路局审查只对该工程必须确保铁路运输绝对安全、必须满足铁路现在运营需要和将来发展需要、必须符合铁路有关规定下同意在上述处下穿铁路提出明确要求,该工程项目建设单位、产权单位必须确保认真执行以上等有关要求。在该工程建成后,因该工程设备设施及运用等原因造成的事故和损失由产权单位负责和承担;竣工后,产权单位必须及时向铁路局相关部门和单位交付下穿处的竣工资料及有关单位联系方式,以利于事故时及时联系和抢修,减少事故造成的损失和铁路运维管理等。

(8)其他事宜按铁路有关规定办理。

后　记

穿跨高速铁路工程实践是不断发展的,穿跨高速铁路工程理论不断来源于穿跨高速铁路工程的实践,在此基础上的穿跨高速铁路工程理论也是不断发展的;同时,穿跨高速铁路工程理论不断指导着穿跨高速铁路工程实践。穿跨高速铁路工程实践总是不断丰富、发展穿跨高速铁路工程理论,穿跨高速铁路工程理论总是不断指导、促进穿跨高速铁路工程实践,两者不断循环往复、螺旋上升。

穿跨高速铁路工程运营适用研究是一个长期发展的过程,既是对生动实践的全面总结,又是对既有理论的不断丰富,需不断总结、丰富和发展,其必将会随着不断实践而不断进行和发展,并不断来源实践、指导实践。要做到科学合理做好穿跨高速铁路工程,就必须在穿跨高速铁路工程设计时,在确保安全性、耐久性的情况下,统筹做好功能性、经济性、易行性、美观性等优选,以实现其设计的科学合理;就必须在工作过程中把握、坚持和践行有关原则,即根据实际和要求(根据穿跨高速铁路工程现场具体实际和科学合理设计要求),按照规定和需求(按照规范、标准、上级文件等规定和穿跨高速铁路有关工程使用、发展、文化、艺术等需求以及高速铁路运营和发展等需求),盯住过程和结果(通过盯住穿跨高速铁路工程过程保工程结果,通过盯住穿跨高速铁路工程结果保工程长久),确保安全和质量(确保高速铁路运营等安全和穿跨高速铁路工程材料质量、设备质量、建设质量、交付质量、永久质量)。

如果此书学术理论内容能使人思考,实践总结内容能使人受益,那么思著此书的目的即已达到。在本书的编著过程中,参考了有关资料,并得到了中国铁路武汉局集团有限公司总工程师室很多同仁等的支持和帮助,在此一并致以谢意。

参 考 文 献

［1］ TB 10621—2014，高速铁路设计规范［S］. 北京：中国铁道出版社，2015.

［2］ TB 10063—2016，铁路工程设计防火规范［S］. 北京：中国铁道出版社，2016.

［3］ 铁路自然灾害及异物侵限监测系统工程设计暂行规定（铁总建设〔2013〕86 号）.

［4］ 中国铁路总公司运输局关于穿（跨）越高速铁路营业线和邻近工程等方案审查有关问题的通知（运工桥隧函〔2013〕316 号）.

［5］ 中华人民共和国国务院令 第 639 号，铁路安全管理条例［M］. 北京：中国铁道出版社，2013.

［6］ TG/01—2014，铁路技术管理规程（高速铁路部分）［S］. 北京：中国铁道出版社，2014.

［7］ TB 10002—2017，铁路桥涵设计规范［S］. 北京：中国铁道出版社，2018.

［8］ 国家铁路局. 公路与市政工程下穿高速铁路技术规程，2018.

［9］ 关于贯彻《铁路运输安全保护条例》，加强铁路桥梁（涵洞）、线路安全保护工作的通知（铁办〔2005〕134 号）.

［10］ 武汉高铁工务段高速铁路“三防”设施管理办法（武高工桥〔2017〕61 号）.

［11］ 关于发布《高速铁路运营沉降监测管理办法》的通知（运基线路〔2010〕554 号）.

［12］ GB 50423—2013，油气输送管道穿越工程设计规范［S］. 北京：中国计划出版社，2008.

［13］ 油气输送管道与铁路交汇工程技术及管理规定（国能油气〔2015〕392 号）.

［14］ 关于武汉市天然气外环线工程左岭～望家庄段管道下穿武九铁路、化工新区铁路专用线护涵工程施工图设计审查意见（武铁鉴〔2017〕080 号）.

［15］ 关于森林大道燃气管道下穿铁路护涵工程施工图设计审查意见（武铁鉴〔2017〕077 号）.

［16］ 质检总局关于印发质检系统开展油气输送管道隐患整治攻坚战工作方案的通知（国质特检〔2015〕130 号）.

[17] 关于河南省南水北调输水管道下穿铁路施工图审查意见(武铁鉴〔2013〕082号).

[18] 关于友谊大道电力护涵下穿京广高铁武广段铁路桥施工设计审查意见(武铁鉴〔2011〕026 号).

[19] 关于国家存储器基地管线下穿铁路防护工程施工图设计审查意见(武铁鉴〔2017〕036 号).

[20] TG/GW 115—2012,高速铁路无砟轨道线路维修规则(试行)[S].北京:中国铁道出版社,2012.

[21] TG/GW 116—2013,高速铁路有砟轨道线路维修规则(试行)[S].北京:中国铁道出版社,2013.

[22] 铁运〔2006〕146 号,铁路线路维修规则[S].北京:中国铁道出版社,2006.

[23] TG/GD 124—2015,高速铁路接触网运行维修规则[S].北京:中国铁道出版社,2016.

[24] TG/GD 116—2017,普速铁路接触网运行维修规则[S].北京:中国铁道出版社,2017.

[25] 普速铁路信号维护规则 技术标准(铁总运〔2015〕238 号).

[26] 铁总运〔2014〕295 号,铁路通信维护规则[S].北京:中国铁道出版社,2014.

[27] 徐干成,李成学,王后裕,赵月,胡萍. 地铁盾构隧道下穿京津城际高速铁路影响分析[J].岩土力学,2009(S2):269-272,276.

[28] 武汉轨道交通 8 号线一期工程幸福大道站~竹叶山站区间下穿京广等既有铁路可行性研究报告安全评估(2016 年 9 月　铁道第三勘察设计院集团有限公司).

[29] 武汉市轨道交通 6 号线一期工程唐家墩站~石桥站区间盾构隧道下穿京广铁路股道群施工图设计(2015 年 9 月　中铁第四勘察设计院集团有限公司).

[30] 武汉市轨道交通 8 号线一期工程幸福大道站~竹叶山站区间下穿京广等既有铁路施工图设计(2016 年 12 月　长江勘测规划设计研究有限责任公司　广州地铁设计研究院有限公司).

[31] 冯虎,张文成,孙士玲. 武汉地铁 2 号线盾构施工对地表沉降影响分析[J]. 施工技术,2010(11):75-78.

[32] 田海波,宋天田. 轨道交通 9 号线下穿铁路工程风险及对策研究[J]. 地下空间与工程学报,2007,3(1):147-150.

[32] 张海波,刘国楠,高俊合. 盾构近距离掘进对桥梁桩基的影响分析[J]. 铁道建筑,2007(8):37-40.

[34] 王炳军,李宁,柳厚祥,韩煊,党彦. 地铁隧道盾构法施工对桩基变形与内力的影响[J]. 铁道科学与工程学报,2006,3(3):35-40.

[35] 李进军,王卫东,黄茂松,富坤. 地铁盾构隧道穿越对建筑物桩基础的影响分析[J]. 岩土工程学报,2010(S2):166-170.

[36] 徐源,董志高. 地铁隧道下穿既有高铁桥梁基础的变形控制[J]. 现代交通技术,2014,11(1):26-29,32.

[37] 武汉和平大道南延工程盾构隧道下穿京广铁路可行性研究审查意见(武铁鉴〔2017〕120 号).

[38] 武汉市轨道交通 8 号线一期工程幸福大道站 ~ 竹叶山站区间下穿京广等既有铁路可行性研究报告(2016 年 9 月　长江勘测规划设计研究有限责任公司　广州地铁设计研究院有限公司).

[39] 武汉市轨道交通 8 号线一期工程幸福大道站 ~ 竹叶山站区间下穿京广等既有铁路工程可行性研究报告审查意见(武铁鉴〔2016〕120 号).

[40] 武汉轨道交通 7 号线一期工程长丰站 ~ 常码头站区间及相关工程下穿既有铁路可行性研究报告审查意见(武铁鉴〔2017〕015 号).

[41] 武汉轨道交通 5 号线工程红钢城站 ~ 建设十一路站区间盾构隧道下穿京广高速铁路、滠武铁路、武汉站货车外绕下行线可行性研究审查意见(武铁鉴〔2017〕121 号).

[42] 武汉轨道交通 6 号线一期工程唐家墩站 ~ 石桥路站区间盾构隧道穿越京广铁路股道群方案评估意见(2015 年 7 月　铁道第三勘察设计院集团有限公司).

[43] 武汉轨道交通 8 号线一期工程幸福大道站 ~ 竹叶山站区间下穿京广等既有铁

路施工图设计安全评估(2016 年 12 月　铁道第三勘察设计院集团有限公司).
[44] 关于武汉市轨道交通 6 号线一期工程下穿铁路施工图设计审查意见(武铁鉴〔2015〕069 号).
[45] 武汉轨道交通 8 号线一期工程幸福大道站 ~ 竹叶山站区间下穿京广等既有铁路施工图设计审查意见(武铁鉴〔2017〕001 号).
[46] 武汉轨道交通 7 号线一期工程长丰站 ~ 常码头站区间及相关工程下穿既有铁路施工图设计审查意见》(武铁鉴〔2017〕031 号).
[47] TB 10621—2014,高速铁路设计规范条文说明[S]. 北京:中国铁道出版社,2015.
[48] 关于花城大道下穿武广、武黄城际、武九、货车外绕、武昌东编组铁路线立交桥方案设计审查意见(武铁鉴〔2010〕065 号).
[49] 关于周口至南阳高速公路与京广铁路、京广高速铁路交叉可行性研究审查意见(武铁鉴〔2016〕075 号).
[50] 关于武汉市花城大道下穿铁路线立交桥施工图设计审查意见(武铁鉴〔2010〕095 号).
[51] 关于宜张高速公路与铁路交叉可行性研究审查意见(武铁鉴〔2013〕018 号).
[52] 关于宜张高速公路与铁路交叉施工图设计审查意见(武铁鉴〔2013〕40 号).
[53] 关于省道利鱼线利川绕城段(杨柳寺至羊子岭)穿跨沪蓉铁路工程施工图设计审查意见(武铁鉴〔2016〕077 号).
[54] 关于武汉市左庙路与武九铁路交叉工程可行性研究审查意见(武铁鉴〔2013〕052 号).
[55] 关于武汉市左庙路上跨武九铁路立交工程施工图审查意见(武铁鉴〔2014〕016 号).
[56] 关于东湖国家创新示范区有轨电车 T1 线及关山大道拓宽上跨南环铁路工程可行性研究审查意见(武铁鉴〔2015〕073 号).
[57] 关于东湖国家创新示范区有轨电车 T1 线及关山大道拓宽上跨南环铁路工程施工图设计审查意见(武铁鉴〔2016〕013 号).
[58] 关于荆州市楚都大道下穿沪蓉铁路防护工程可行性研究审查意见(武铁鉴

〔2017〕011 号).
[59] 关于淮滨至信阳高速公路息县至邢集段与京广铁路、京广高速铁路交叉工程施工图设计审查意见(武铁鉴〔2017〕010 号).
[60] 关于巡司河综合整治二期(中山路~712 所、野芷湖南路~青菱河)与铁路交叉工程可行性研究审查意见(武铁鉴〔2017〕062 号).
[61] 关于青山港二号明渠综合整治下穿天兴洲大桥工程施工图设计审查意见(武铁鉴〔2017〕013 号).
[62] TB 10008—2015,铁路电力设计规范[S].北京:中国铁道出版社,2016.
[63] 中国铁路总公司运输局关于加强接触网上跨电线路管理的通知(运供供电函〔2015〕382 号).
[64] 关于输电线路跨越铁路线的复函(武铁鉴〔2013〕067 号).